Bäder selbst ausbauen und modernisieren

APROPRO

Tobias Pehle

urania

Bäder selbst ausbauen und modernisieren

Inhalt

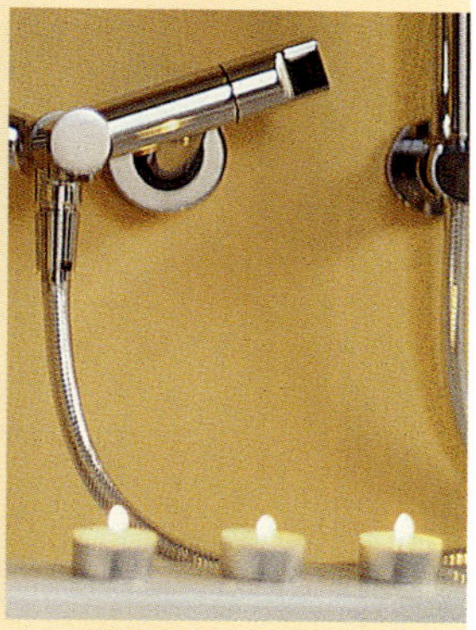

Der Weg zum schönen Bad

Von der Nasszelle zum Wohlfühlbad

Bei kaum einem anderen Raumtyp hat es in den letzten Jahrzehnten einen solch tiefgreifenden Wandel gegeben wie beim Badezimmer: Früher war die Funktionalität das Maß aller Dinge. Das Bad war der Raum für die Körperhygiene, in dem man sich wusch, badete oder die Zähne putzte – nicht mehr und nicht weniger. Dementsprechend pflegeleicht wurde er ausgestattet – Fliesen vom Boden bis zur Decke waren das erstrebenswerte Optimum. Als gestalterische Finesse erlaubte man sich höchstens etwas ausgefallenere Fliesendekore oder eine kontrastierende Bordüre.

Heute hingegen ist das Badezimmer weit mehr als ein Waschraum: Es ist ein Ort zum Entspannen, Wohlfühlen und Genießen, eine Wellnessoase, in die man sich von der hektischen Umwelt zurückzieht, um sich zu verwöhnen. In der Gestaltung geht es deshalb nicht mehr allein um Funktionalität, sondern vor allem auch um Atmosphäre. Es soll Spaß machen, sich im Badezimmer aufzuhalten, zu stylen oder zu entspannen.

Beim Einrichten dieser Räume kommt es heute darauf an, beide Anforderungsprofile gleichermaßen zu berücksichtigen: Das Bad sollte auf der einen Seite praktisch und funktionell, auf der anderen Seite aber auch ansprechend und atmosphärisch sein.

Bäder sind heute mehr als Waschräume: Sie sind Wellnessoasen, in die man sich von einer hektischen Welt zurückzieht, um sich zu verwöhnen.

Raumgestaltung mit vielfältigen Materialien

Dem Bad als Wellnessoase wirkt in erster Linie die sterile Atmosphäre einer keramischen Abteilung entgegen, die durch weitgehend verflieste Wände und Böden entsteht. Eine moderne Badgestaltung mit Wohlfühlatmosphäre lebt deshalb vor allem von gekonnt inszenierter Vielfalt bei der Materialwahl.

Beim Boden ist nach wie vor die Fliese das Gestaltungselement Nummer eins – und dies aus mehreren Gründen: Bodenfliesen

- sind pflegeleicht
- bilden eine durchgehende feuchtigkeitsresistente Schicht, die die darunter liegende Bausubstanz effektiv vor Feuchtigkeit schützt
- sind langlebig und wirtschaftlich.

Bei der Wandgestaltung sind hingegen Fliesen letztlich nur dort

erforderlich, wo viel Spritzwasser entsteht und langfristig den Wandaufbau gefährden kann – und dies ist eigentlich nur im Duschbereich der Fall.
Aus hygienischen Gründen sollten darüber hinaus die Wandflächen unmittelbar hinter WC und Urinal verfliest oder mit leicht abwaschbarem Material verkleidet werden.
Alle anderen Raumumgebungsflächen können Sie mit jedem beliebigen Material gestalten – von Strukturputzen und Holzverkleidungen bis hin zu Papier- und Vliestapeten. Wichtig ist allein, dass die verwendeten Stoffe weitgehend feuchtigkeitsresistent sind. Eine ganze Reihe von Materialien bietet der Handel dabei speziell für Nassräume an wie z. B. Paneele oder Farben.
Der Kreativität sind dabei keine Grenzen gesetzt. Besonders ungewöhnliche Materialien bei der Wandgestaltung sorgen für überraschende Effekte: Auf Maß zugeschnittenes Glas und Spiegelglas z. B. schützen Wände genauso effektiv wie Edelstahlbleche oder große, beschichtete Holzplatten.

Wände abwechslungsreich gestalten

Die Wände eines Raumes gestaltet man meistens durchgängig mit einem Material, z. B. in dem man einen Raum komplett tapeziert. Für Badezimmer gilt oft genau das Gegenteil: Unterschiedliche Materialien – sogar an einer Wand – beleben und schaffen Atmosphäre. So wird aus der Not, einen Teil der Wandfläche aus praktischen Gründen heraus verfliesen zu müssen, schnell eine Tugend.

Verschiedene Wandmaterialien beleben die Badgestaltung.

Besonders bei Vorwandinstallationen bietet es sich an, nur die eigentliche Vorwand zu verfliesen und die Raumwand mit anderem Material zu gestalten.

Besonders wirkungsvoll sind unterschiedliche Materialien an einer Wand dort, wo die Wassertechnik hinter einer halbhohen Vorwand (siehe auch S. 20) verschwindet: Der untere Bereich – die eigentliche Vorwand – wird z. B. verfliest, der obere Bereich – also die Raumwand – hingegen verputzt oder verkleidet. Wenn man dann noch die Farbwahl feinfühlig abstimmt, entsteht ein besonders vorteilhafter Eindruck.

Weiße Bäder strahlen freundliche Helligkeit aus und wirken modern. Zugleich aber wirkt eine solche Badgestaltung heute recht konventionell.

Farben prägen die Raumwirkung

Neben den verwendeten Materialien bestimmt nämlich vor allem die Farbwahl die Atmosphäre im Badezimmer. Weiß war dabei jahrelang die dominierende Farbe – und dies aus gutem Grund. Es

- lässt Räume größer und heller erscheinen
- verträgt sich mit allen anderen Farben – z. B. von Badmöbeln oder Sanitärobjekten
- wirkt zeitlos und modern
- passt stilistisch gut zum Funktionscharakter des Badezimmers.

Zugleich aber wirkt Weiß immer auch etwas nackt, kalt und langweilig. Ohne kontrastierende Raumakzente bleibt die Wirkung steril. Deshalb erobern zunehmend andere Farben das Badezimmer. Dabei lassen sich verschiedene Farbwelten unterscheiden:

Sanfte, ruhige, warme Farben
Hierzu zählen die meisten Rot-, Sand- und Erdtöne. Diese Farbwelt taucht das Bad in Behaglichkeit. Der Gesamteindruck ist eher etwas rustikal.
Besonders hervorstechend sind mediterran anmutende Bäder, die von groben Fliesen und strukturierten Wänden in Terrakottatönen beherrscht werden.

Kräftige, leuchtende Farben
Leuchtende Gelbtöne, die freundliche Helligkeit ins Bad bringen und an die Sonne erinnern, sowie kräftige Blautöne, die Frische assoziieren und Urlaubsgefühle wecken, sind hier die bevorzugten Farben.
Die Bäder wirken modern und passen besonders zu einem aktiven Lebensstil.

Elegante, unaufdringliche Farben
Pastelltöne, aber auch ein sanftes Grau oder leichtes Violett zählen zu dieser besonders aktuell wirkenden Farbwelt.
Die Farben wirken dezent im Hintergrund. So entsteht eine faszinierende Bühne für die eigentliche Einrichtung des Badezimmers von den Sanitärobjekten über die Badmöbel bis hin zu den Accessoires.

Durch das kräftig leuchtende Blau vermittelt dieses Bad Urlaubsgefühle von blauem Himmel und Meer.

Pastelltöne und abgetönte Farben bringen sanfte Eleganz ins Bad.

Objekte und Armaturen stimmig auswählen

Neben den Materialien und Farben von Wänden, Boden und Decke bestimmen auch Form und Oberfläche von Armaturen und Objekten die Wirkung des Badezimmers. Nicht bei jeder Renovierung müssen diese Gestaltungselemente komplett ausgetauscht werden. Zwar tragen vor allem unansehnliche oder beschädigte Objekte zu einem unattraktiven Bild entscheidend bei, auf der anderen Seite aber lassen sich alte, aber zeitlos schöne Objekte gut in neue Bäder integrieren.
Oft reichen schon kleinere Veränderungen aus, um Waschbecken, Dusche und Co. ein neues Gesicht zu geben: Mit anderen Armaturen lässt sich der Charakter des Badezimmers durchaus verändern. Achten Sie allerdings darauf, dass die Armaturen zur vorhandenen Installationstechnik passen – ansonsten steht hoher Aufwand an.

Objekte platzieren

Immer an der Wand entlang – das ist der einfachste Grundsatz bei der Badplanung. Wenn man darüber hinaus die Sanitärobjekte nicht im ganzen Raum verteilt, sondern nur an ein oder zwei Wänden positioniert, spart man erheblichen Installationsaufwand. Die Wasserzu- und -ableitungen können so nämlich sehr kurz gehalten werden.
Allerdings: Eine solche Badplanung ist immer auch ein wenig konventionell und langweilig: Ein wenig schräg oder um die Ecke zu denken führt zu ungewöhnlicheren und damit auch spannenderen und individuelleren Lösungen. Warum nicht beispielsweise den Waschtisch mitten im Raum platzieren, die Badewanne leicht schräg anordnen oder kleine Mauern und Vorsprünge einziehen? Der Fantasie sind dabei kaum Grenzen gesetzt. Gerade in kleinen Bädern lässt sich oftmals der vorhandene Platz mit unwöhnlichen Gestaltungsideen besser ausnutzen als mit Standardplatzierungen.
Wichtig ist allein, dass man sich im Bad gut bewegen kann. Vor allem vor den Sanitärobjekten sollten Sie ausreichend Bewegungsspielraum berücksichtigen. Vor Waschtisch, WC, Bidet oder Urinal sollten es rund 80 cm sein, wobei sich der Abstand bei gegenüberliegenden Objekten nicht verdoppeln muss. Die Objekte sollten zudem nicht dichter als 40 cm nebeneinander stehen.
Für die Positionierung der Elemente gibt es DIN-Normen (18022/18011), die allerdings bei der Planung eines privaten Bades nicht eingehalten werden müssen. Bei der Platzierung ist vor allem auch der Anschlag der Badezimmertür zu berücksichtigen. In der Regel wird die Tür ins Bad hinein geöffnet – und das bedeutet, dass im Schwenkbereich der Tür kein Objekt platziert werden darf.

Eine quer in den Raum hineinragende Badewanne nutzt die mittige Fläche in einem Badezimmer effektiv aus.

Um kleine Bäder perfekt nutzen zu können, gibt es spezielle Objekte.

Ungewöhnliche Raumaufteilungen wirken interessant.

Die Planung

Am Anfang jeder Umbau- oder Modernisierungsmaßnahme sollte eine genaue Bedarfsermittlung stehen. Denn je nachdem wie viele Personen das Bad nutzen und welche Vorlieben es dabei zu berücksichtigen gilt, ergeben sich sehr unterschiedliche Anforderungsprofile in Bezug auf die Raumgestaltung. Während in einem Familienbad eventuell ein Doppelwaschbecken sinnvoll ist, kann der dafür benötigte Platz in einem Singlehaushalt besser für ein Bidet genutzt werden. Und während die einen Wert auf eine geräumige Dusche legen, ist für andere eine große Badewanne wichtig.

Ob und inwieweit sich die Wünsche an die Badausstattung mit den Raumverhältnissen in Einklang bringen lassen, zeigt eine Planskizze. Am besten zeichnet man den Raumgrundriss in einem Maßstab von 1:50 auf und schneidet in entsprechender Größe Sanitärobjekte aus Pappe aus. Diese können dann so lange auf der Grundrisszeichnung hin- und hergeschoben werden, bis die optimale Raumaufteilung gefunden ist. Beachten Sie dabei die Mindestanforderungen an den Bewegungsraum vor den Objekten (siehe auch S. 9).

Bei der Planung kann auch der Computer wertvolle Hilfe leisten. Zum einen bietet der Handel Raumplanungssoftware an, mit der sich verschiedene Badobjekte frei positionieren lassen. Alternativ kann man sich die Badplanung auch im Fachhandel am Monitor simulieren lassen.

Steht die Grundplanung, werden die Wasserzu- und -ableitungen geplant. Ausgangspunkte sind dabei die vorhandenen Entnahmestellen sowie der zentrale Abwasserabfluss. Dabei muss auch entschieden werden, ob und wo Vorwandelemente eingesetzt werden sollen (siehe auch S. 20).

Ganz wichtig ist außerdem die exakte Planung der Elektroinstallation (siehe S. 58) – von der Positionierung von Steckdosen über Lichtauslässe bis hin zu Schaltern.

Schließlich gilt es die Heizung zu berücksichtigen, vor allem dann, wenn spezielle Badheizkörper – wie solche zum Trocknen von Handtüchern – zum Einsatz kommen sollen.

Die Realisierung

Mit den Arbeiten sollten Sie erst beginnen, wenn Sie alle notwendigen Materialien zur Hand haben.

Nach der Deinstallation des alten Bades werden – sofern geplant – zunächst grundlegende Maurerarbeiten wie das Mauern von Duschkabinen oder der Aufbau von Vorwandelementen vorgenommen.

Im zweiten Schritt erfolgt dann die Installation der Wasserzu- und -ableitungen. Bevor es an das Verkleiden der Wände geht, sollten die Aufhängungen der Sanitärobjekte vorbereitet werden.

Jetzt können Sie die Wände und Decken neu gestalten, also mit Gipskarton verkleiden, fliesen oder verputzen.

Bevor es an das Montieren der Objekte geht, empfiehlt es sich, Armaturen und Abflussgarnituren vorzuinstallieren.

Erst zum Abschluss des Umbaus wird der Boden neu belegt. Jetzt müssen Sie nur noch die Badmöbel aufbauen und die gewünschten Accessoires montieren.

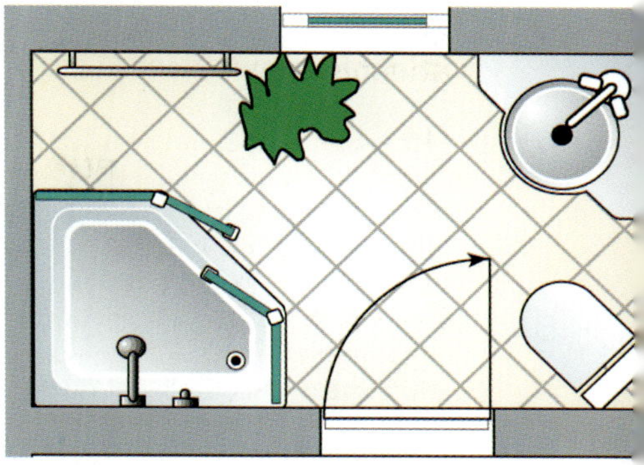

Kleine Skizzen helfen, die Badträume anschaulich zu machen.

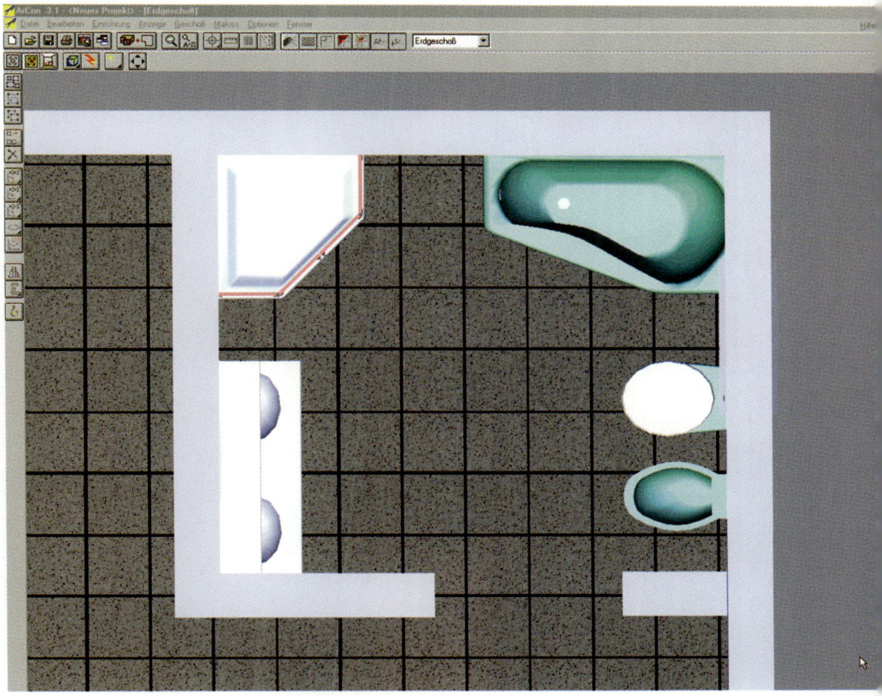

Mit Computerprogrammen zur Wohnraumplanung kann man Sanitärobjekte und Schränke frei positionieren.

Der Hausanschluss mit der Wasserzählanlage ist für Heimwerker tabu. Arbeiten dürfen hier nur vom Wasserversorger vorgenommen werden.

Ein Rückschlagventil verhindert das Rücksaugen von Abwasser.

Basiswissen beugt Schäden vor

Bei allen Arbeiten rund um die Sanitärinstallation des Hauses sollte man sich stets bewusst sein, dass Wasser erhebliche Schäden anrichten kann. Falsch oder nicht sorgfältig ausgeführte Arbeiten können teuer zu stehen kommen. So etwa, wenn durch undichte Verbindungen in der Wand Wasser austritt. Die Feuchtigkeit greift dann Materialien an und kann langfristig die Bausubstanz zersetzen. Nasse Wärmedämmungen werden so beispielsweise wirkungslos und müssen ersetzt werden.

Andere Fehler mindern den Wohnwert, z. B. wenn bei der Installation der Schallschutz nicht beachtet wird. Dann kann die Toilettenspülung im ganzen Haus zu hören sein.

Besonders gravierend sind aber Fehler bei der Trinkwasserinstallation, weil dabei die Gesundheit der Hausbewohner gefährdet ist. Bei der Sanitärinstallation müssen Sie also eine ganze Reihe von wichtigen Grundregeln beachten.

Fließendes Wasser erzeugt sowohl Körper- als auch Raumschall. Beide können bei grundlegenden Installationsfehlern im ganzen Haus zu hören sein.

Der Hausanschluss ist für Heimwerker tabu

Ausgangspunkt der Trinkwasserversorgung ist der Hausanschluss. Hier kommt die so genannte Hausanschlussleitung des Wasserversorgers an. Dieser Hausanschluss mit Zählanlage und Hauptabsperrventil muss aus Sicherheitsgründen jederzeit ungehindert zugänglich sein. Sie dürfen ihn also beispielsweise nicht mit einem Schrank überbauen.

Zudem ist er für den Heimwerker absolut tabu. Arbeiten an Hausanschluss oder Zählanlage dürfen nur vom örtlichen Wasserversorger oder von ihm autorisierten Sanitär-Handwerksbetrieben ausgeführt werden.

Die Qualität des Trinkwassers hat höchste Priorität

Der wichtigste Bereich der Sanitärinstallation betrifft die Trinkwasserversorgung. Hier müssen Fehler unbedingt ausgeschlossen werden, da ansonsten die Gesundheit der Hausbewohner gefährdet ist. Gefahren gehen dabei nicht nur von der Küche aus, in der das meiste Trinkwasser entnommen wird, sondern auch von der gesamten Hausinstallation und den Entnahmestellen in Bad oder WC. Der Gesetzgeber hat in der DIN 1988 einige wichtige Bestimmungen erlassen, die vor allem die Qualitätssicherung des Trinkwassers sicherstellen.

Oberstes Gebot ist es zu vermeiden, dass das Trinkwasser durch Abwasser oder minderwertiges Brauchwasser verunreinigt werden kann.
Selbstverständlich dürfte sein, dass man Trink- und Brauchwasserleitungen nicht direkt miteinander verbinden darf. Verboten ist es auch, Abwasserrohre direkt an Trinkwasserrohre anzuschließen.

Gefahren durch Unterdruck
Wenn Wasser abfließt, entsteht Unterdruck, zu erkennen z. B. an den lauten Gurgelgeräuschen, die beim Ablassen von Badewasser zu hören sind. Ein solcher Unterdruck kann sich aber auch im Trinkwassernetz des Hauses aufbauen und dazu führen, dass Abwasser in die Trinkwasserleitung eingesaugt wird. Das ist z. B. möglich, wenn man einen Brauseschlauch in das Badewasser eintaucht.
Um dieser Gefahr grundsätzlich zu begegnen, bieten sich zwei Möglichkeiten an:

- Das Trinkwassernetz des Hauses zu entlüften oder
- so genannte Rückschlagventile einzusetzen, die den Wasserfluss nur in eine Richtung zulassen.

Gefahren durch Materialien
Es dürfen für die Trinkwasserversorgung nur solche Materialien eingesetzt werden, die hierfür ausdrücklich zugelassen sind.
Bei Leitungssystemen aus Kunststoffrohren sollten ausschließlich Systemteile eines Herstellers verwendet werden.
Wichtig bei der Installation von Trinkwasserleitungen mit Metallrohren ist auch das Einhalten der so genannten Fließregel.
Sie besagt, dass in Richtung des Wasserflusses auf edlere Metalle (z. B. Kupfer) keine Leitungsteile aus einem unedleren Metall (z. B. verzinktes Stahlrohr) folgen dürfen. Denn freigesetzte Ionen des edleren Metalls können beim Weitertransport das unedlere Material angreifen und zersetzen.

Wärmedämmung mindert Energieverluste

Damit im Zuge des allgemeinen Energiespargebots keine Temperaturverluste auftreten, müssen Warmwasserleitungen nach der aktuellen Wärmeschutzverordnung isoliert sein. Neben dem Wärmeverlust verhindert die Isolierung auch, dass sich Kondenswasser bilden und die Leitungen äußerlich angreifen kann.

Schallschutz trägt zum Wohnwert bei

Der Körperschall in Metallrohren ist eine der wesentlichen Lärmursachen, weil die Rohre selbst exzellente Resonanzkörper sind. Geräusche können so leicht durchs ganze Haus transportiert werden.
Diese Geräusche entstehen besonders dann, wenn die Leitungen an andere Bauteile anstoßen, wie bei Wanddurchbrüchen oder direktem Bodenkontakt. Das gilt übrigens auch für Kunststoffrohre, obwohl diese grundsätzlich weniger Körperschall entwickeln.
Alle verwendeten Rohrschellen sollten mit einer schalldämmenden Einlage aus Gummi oder elastischem Kunststoff ausgestattet sein. Anstelle der Schellen können Sie auch schallmindernde Befestigungsschienen einsetzen. Auch Isolationsschächte sorgen für Schallschutz. Dazu werden die Leitungen mit Dämmmaterial ummantelt und durch ein Schutzrohr geführt.
Abwasserrohre können besonders großen Lärm verursachen. Grundsätzlich sollte man deshalb immer schallgedämmte Ausführungen wählen.
Geräuschentwicklungen können Sie aber auch konstruktiv entgegenwirken, indem Sie Schmutzwasserleitungen möglichst strömungsgünstig verlegen. Denn wenn z. B. senkrechte Abwasserrohre direkt auf waagerechte treffen, sind Aufprallgeräusche unvermeidlich.

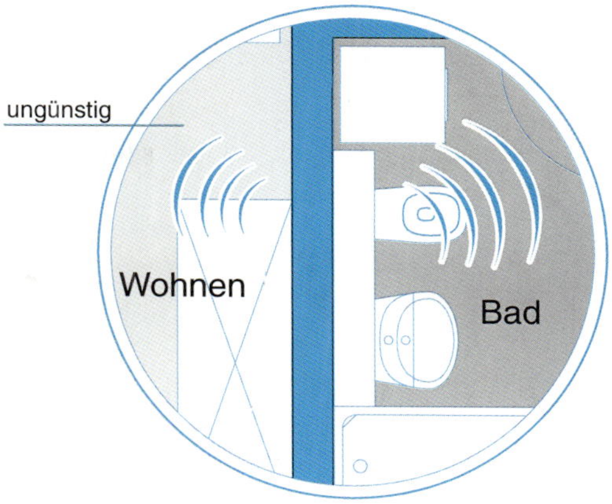

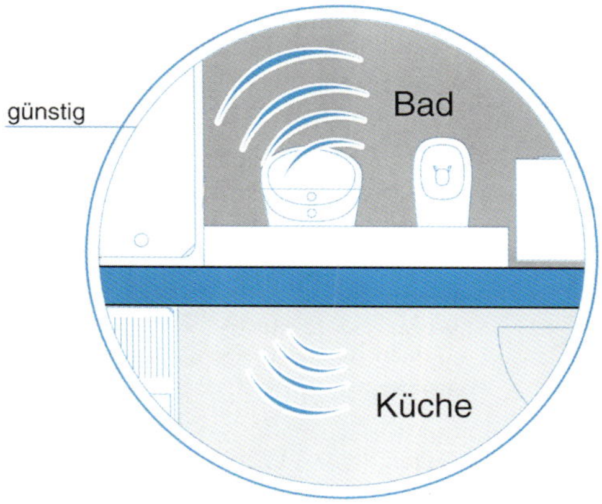

Durch eine geschickte Planung lässt sich der Schallschutz verbessern.

Schaumstoffisolierungen sorgen für Wärme- und Schalldämmung.

Grundlegende Sanitärinstallation

Moderne Systeme erleichtern die Installation

Am Anfang jeder Badgestaltung steht eine fachgerechte Grundinstallation. Dazu zählen das Verlegen von Wasserzu- und -ableitungen sowie alle Vorarbeiten, die für die Montage von Sanitärobjekten erforderlich sind.
Setzte die Grundinstallation noch vor einigen Jahren umfangreiche Spezialkenntnisse und -fähigkeiten wie das Weichlöten von Kupferrohr voraus, so können Sie heute dank moderner Installationssysteme die meisten Arbeiten in Eigenleistung ausführen.
Die Sanitärinstallation im Bad wird vor allem durch zwei aufeinander abgestimmte Grundsysteme erleichtert:

- die Installation von Wasserzuleitungen mit verschraubbaren Kunststoffrohren, bei der nicht gelötet werden muss, und
- die Vorwandinstallation, bei der vorgefertigte Systemteile für die Montage von Sanitärobjekten wie Waschtisch oder WC aneinandergereiht und vor die Badezimmerwände gesetzt werden. So entsteht eine zumeist halbhoch ausgeführte neue Wand, in der sich die gesamte Technik verbirgt.

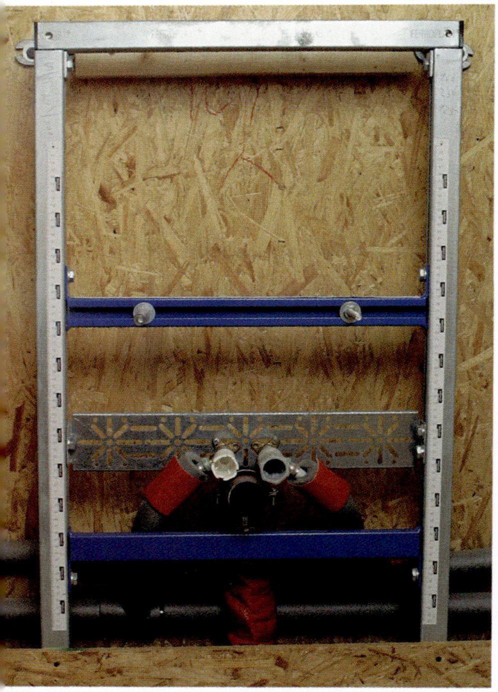

Vorwandelemente wie hier für ein Waschbecken erleichtern es, Sanitärobjekte neu zu platzieren.

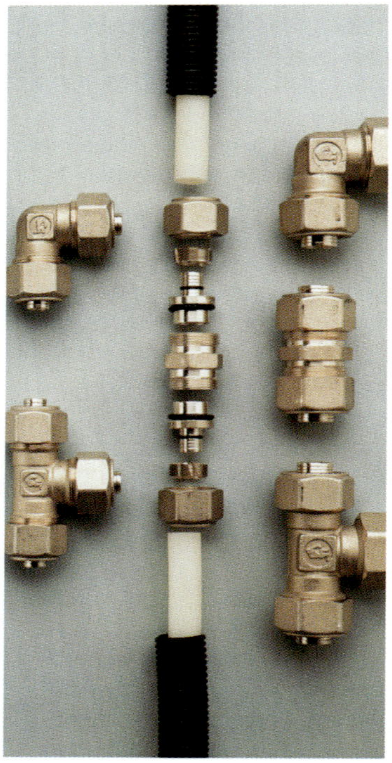

Wasserleitungen aus Kunststoff mit Schraubverschlüssen lassen sich leicht selbst verlegen.

Die Vorwandinstallation erleichtert so nicht nur den Neubau, sondern vor allem auch das Umgestalten von Badezimmern. Die Vorteile liegen auf der Hand:

- Die Module können frei miteinander kombiniert und so unterschiedlichste Gestaltungsideen realisiert werden.
- Das Aufstemmen von Wänden entfällt, und es entsteht weniger Dreck.
- In den Vorwandmodulen sind alle Anschlüsse für die Wasserzu- und ableitung vormontiert und z. B. auf die Installation mit verschraubbaren Kunststoffrohren abgestimmt. Kalt- und Warmwasserleitungen müssen einfach nur dicht angeschraubt werden. Für den Anschluss von Armaturen bietet der Handel darüber hinaus flexible Anschlussrohre an, die sich ebenfalls ganz leicht befestigen lassen.
- Die Systeme lassen sich sehr flexibel einsetzen, da die Hersteller für die Übergänge zu vorhandenen Rohrleitungen passende Anschlussstücke anbieten.
- Die Arbeit geht sehr schnell und gestaltet sich einfach.

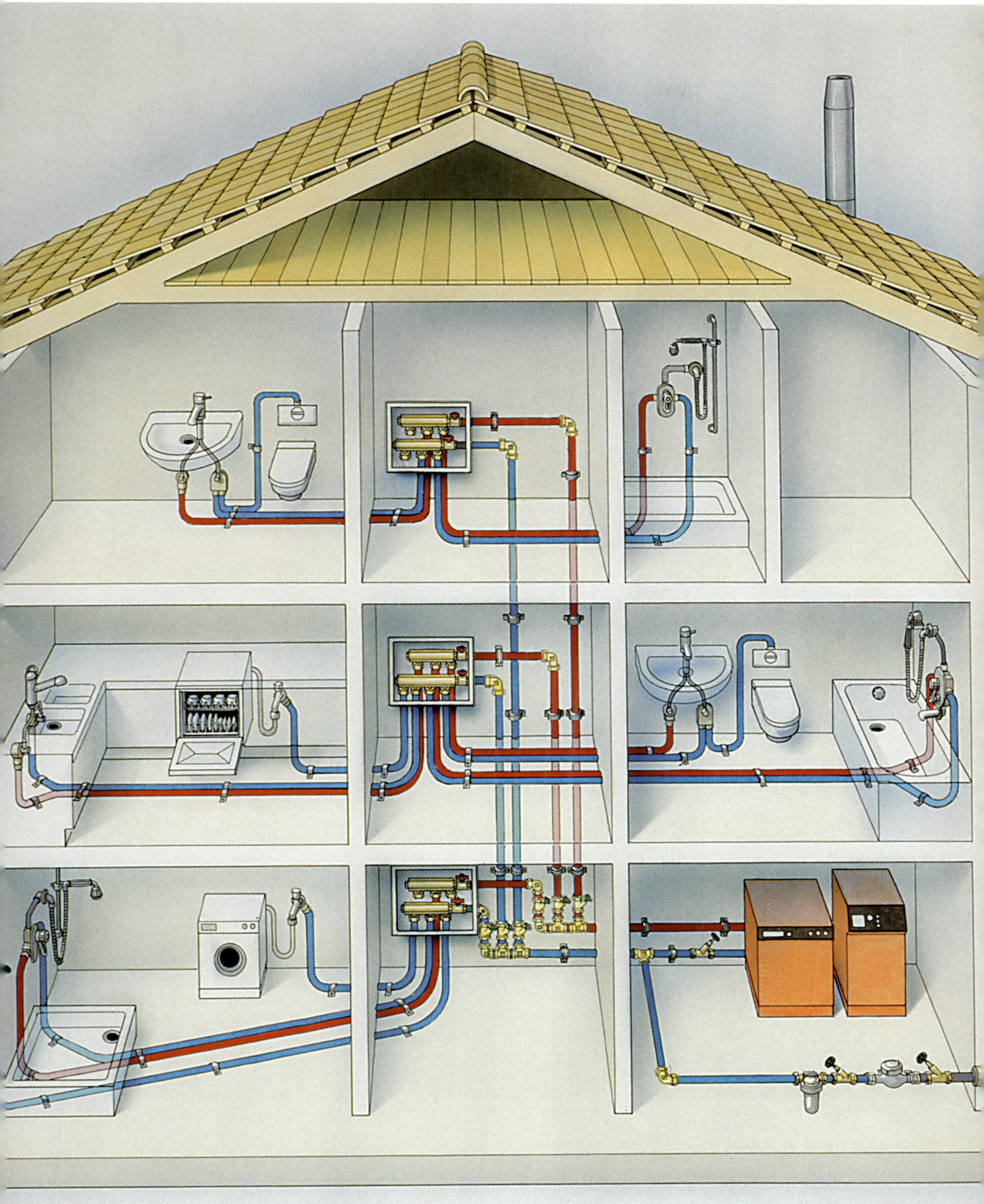

Die Rohre mit speziellen schalldämmenden Schellen auf Putz führen.

Mit einer Spezialschere für Kunststoffrohre ist es sehr einfach, diese sauber und schnell zu durchtrennen.

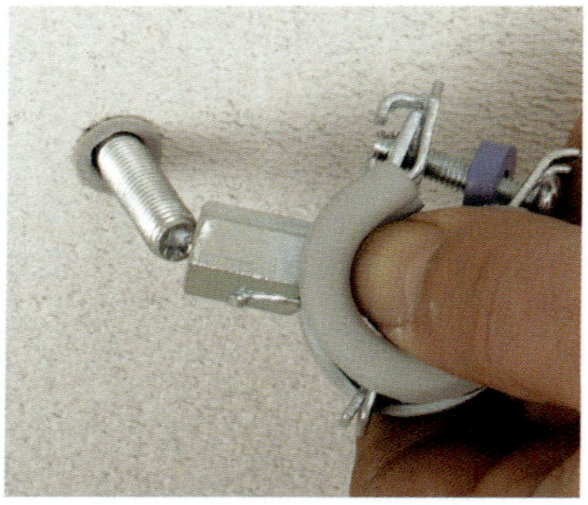

Die Schellen werden in der Wand verdübelt. Zunächst die Gewindestange in die Wand schrauben ...

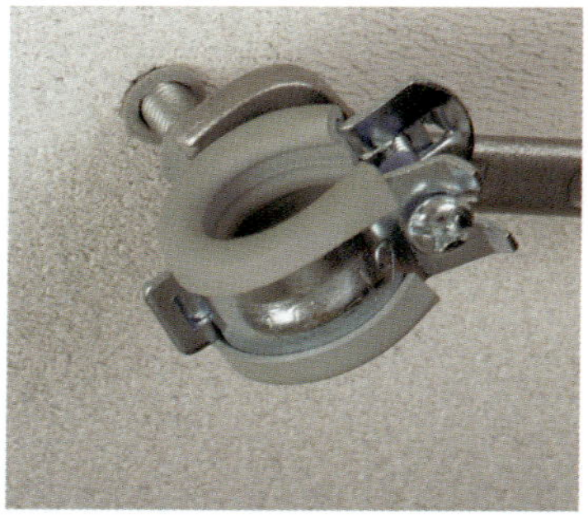

... und dann Schelle aufsetzen. Abschließend die Schelle mit einem Gabelschlüssel anziehen.

Kunststoffrohre: Viele Vorteile – weniger Aufwand

Nicht nur für denjenigen, der den Umgang mit Lötlampe und Kupfergestänge scheut, bietet sich die Hauswasserinstallation mit Kunststoffrohren an.
Das Material weist viele Vorteile auf:

- Auch nach Jahren sind Kunststoffrohre noch frei von Kalkablagerungen oder von Lochfraß.
- Es entstehen weniger Fließgeräusche als bei Kupfer.
- Beschädigte Teile lassen sich leicht austauschen.
- Die Montage nimmt weniger Zeit in Anspruch und ist insgesamt weniger aufwändig. So lässt sich das biegsame Rohr stockwerkweise nahezu endlos verlegen – ohne Verbinder oder Winkelstücke. Einige Systemlösungen, wie Unterputz-Anschlussdosen oder Stockwerk-Verteilerkästen, erleichtern die Arbeit zusätzlich.

In Teilbereichen allerdings schneidet Kunststoff schlechter als Kupfer ab: Nachteilig ist vor allem der relativ hohe Preis für Fittings (Verbindungsstücke) und Systemteile. Außerdem ist der Wärmeverlust größer als bei Kupferrohren. Schließlich erfordert das Verbinden der einzelnen Teilstücke besondere Aufmerksamkeit, damit später keine Dichtigkeitsprobleme auftauchen.
Der Handel bietet die Rohre, die zumeist aus vernetztem Polyäthylen (VPE-Rohre) oder Verbundmaterial mit Aluminiumkern bestehen, in drei Varianten an:

- zum Verkleben
- zum Verpressen
- zum Verschrauben.

Das Verkleben oder Verpressen der Rohre mit den Fittings erfordert Kenntnisse, Übung und Spezialwerkzeuge. So will z. B. der Umgang mit der Presszange gelernt sein. Systeme zum Verpressen oder Verkleben sind so weniger für Do-it-yourself-Arbeiten

Bei Verschraubungen wird zunächst der Klemmring über das Rohrende (hier Richtung Schutzrohr) gezogen.

Jetzt wird die Stützhülse in das Rohrende eingeschoben. Tipp: Rohrende vorher leicht erwärmen.

Der Klemmring wird nun bis zum Schaft der Stützhülse gezogen. Anschließend die Überwurfmutter auf der Stützhülse festschrauben. Das Prinzip der Klemmringverschraubung funktioniert nur, wenn die Mutter fest genug sitzt.

geeignet. Ganz anders hingegen sieht dies bei Kunststoffrohren aus, die einfach mit einem Sechskant-Schlüssel oder einer Wasserpumpenzange verschraubt werden können. Diese Systeme kann jeder erfahrene Heimwerker leicht selbst installieren.

Fittings für alle Anwendungen

Für nahezu alle Anwendungsbereiche gibt es entsprechende Messingfittings als Klemmring-Schraubverbindung. Das Spektrum reicht von einfachen geraden Verbindern über Winkel- und T-Stücke bis hin zu Absperrventilen und Anschlussdosen. Darüber hinaus lässt sich das System auch mit allen anderen Rohrvarianten verbinden – so sind z. B. spezielle Anschlussstücke zum Übergang von Kupferrohr auf Kunststoffrohr erhältlich.

Kunststoffrohre können auf und unter Putz verlegt werden. Unter Putz wird mit Schutzrohr – also Rohr im Rohr – gearbeitet. Starre

Die Verbindungsstücke des Systems werden vor dem Zusammenschrauben mit Teflonband abgeklebt. Dabei sollte der erste Gewindegang freigelassen und das Band in Gewinderichtung aufgeklebt werden.

Dosen montieren

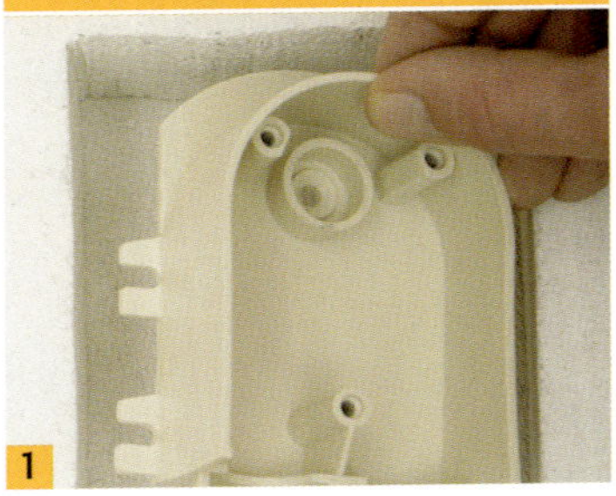

Für die Dosen muss die Wand entsprechend aufgestemmt werden.

Die Halterung schrauben Sie mit handelsüblichen Schrauben fest.

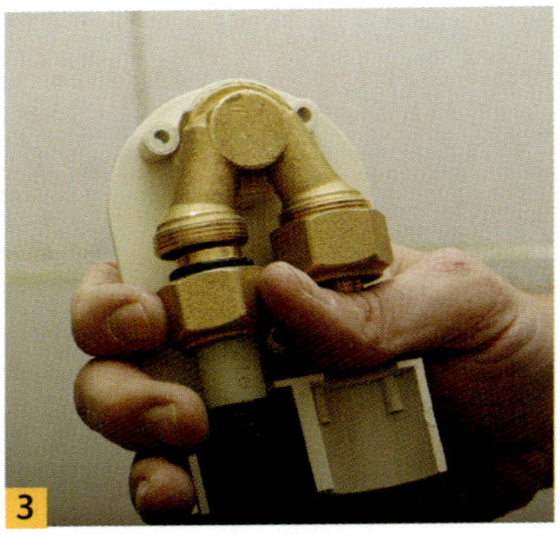

Dann legen Sie die Wasserzu- und -weiterleitung an.

Abschließend die Dose in die Halterung setzen.

Spezielle Entnahmedosen erleichtern es, die Entnahmestellen zu installieren. Nach der Montage werden die Dosen eingeputzt.

25-mm-Rohre werden als Steigleitungen eingesetzt, flexible und leicht biegsame 16-mm-Rohre für die Anschlussleitungen.
Neben herkömmlichem Werkzeug wird für die Kunststoffrohr-Montage lediglich eine Spezialschere benötigt, die sich im Fachhandel häufig auch ausleihen lässt.

Die richtige Planung
Da für das Verarbeiten eine ganze Reihe von Kleinteilen – von Verbindern oder Absperrventilen bis hin zu Anschlussdosen oder Verteilerkästen – benötigt werden, sollte der Bedarf an Fittings vorab gründlich ermittelt und auf einer Materialliste festgehalten werden. Bei der Planung muss unbedingt berücksichtigt werden, dass die Kunststoffrohre nicht zu einem rechten Winkel gebogen werden können. Als Faustregel gilt hier: Der Biegeradius muss mindestens dem fünffachen Rohrdurchmesser entsprechen (z. B. bei 16-mm-Leitungen also mindestens 8 cm). Auch hier sind rechte Winkel möglich – allerdings muss dann, wie beim Kupferrohr, ein 90°-Winkelstück eingesetzt werden.

Anschlussdosen montieren
Mithilfe von Anschlussdosen – vergleichbar mit der Steckdose beim Strom – lassen sich Entnahmestellen im Leitungssystem recht einfach realisieren. Diese Dosen werden im Fachhandel für verschiedene Wandtypen, z. B. speziell für Gipskartonwände, angeboten. Es gibt sie sowohl als Enddosen eines Leitungsstrangs als auch zur Weiterleitung zu anderen Entnahmestellen. Für die Dosen und die Zuleitung müssen an der gewünschten Entnahmestelle ausreichend große Öffnungen in der Wand hergestellt werden. Dann wird die Dose in der Wand befestigt und schließlich mit dem Leitungssystem verbunden. Variable Haltebügel erleichtern dabei den Einbau und das Ausrichten von mehreren Dosen.

So sehen die im Verteilerkasten fertig montierten Verteiler aus, siebenfach für Kaltwasser (o.) und vierfach für Warmwasser (u.). Die Wasserzuleitung erfolgt von links zu den Absperrventilen, rechts befinden sich Blindstopfen.

Bau des Verteilerkastens
Für die Unterverteilung in einem Stockwerk nutzt man den zum System gehörenden Verteilerkasten, in den verschieden große Verteiler eingesetzt werden können. Auf die eine Seite des Verteilers wird zum späteren Anschluss an die Wasserzufuhr ein Absperrventil (mit rotem Absperrhahn) angeschraubt, auf die andere Seite ein Blindstopfen.
Um eine optimale Dichtigkeit zu erzielen, muss das Gewinde zuvor mit Teflonband abgedichtet werden. Jetzt kann das Verteilerstück mit dem zugehörigen Befestigungsmaterial in den Kasten eingesetzt werden.
Nun schließen Sie die einzelnen Zu- und Ableitungen an. Die Wasserzuleitungen werden jeweils am Absperrhahn mit der Klemmringverschraubung befestigt. Die einzelnen Ableitungen zu den Entnahmestellen führen Sie durch den Kastenboden oder -deckel nach unten oder oben ab.

Die Verteiler werden mit Spezialschellen im Kasten befestigt.

Ein Blindstopfen schließt den Verteiler seitlich ab.

Die Wasserzufuhr erfolgt von links oder rechts.

Das Wasser wird nach oben oder unten aus dem Kasten geleitet.

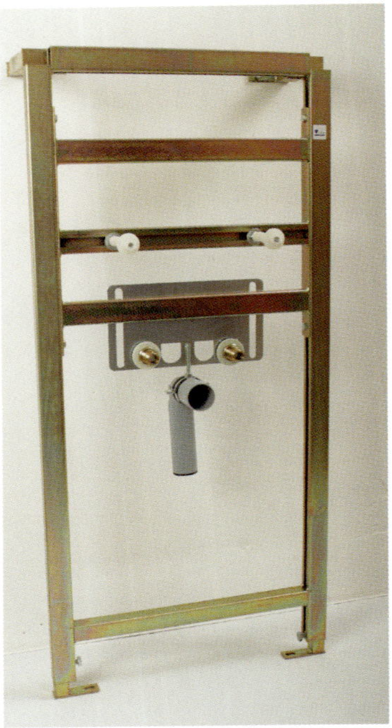

Vorwandmodule erleichtern die Badrenovierung.

Vorwandinstallation: Fünf Schritte zum neuen Bad

Der Weg zum neuen Bad gestaltet sich bei der Vorwandinstallation in fünf klar gegliederte Schritte, wobei bei einem Neubau der erste Schritt – die Deinstallation des alten Bades – natürlich entfällt. Voraussetzung ist immer eine exakte Planung.

1. Deinstallation

Um das alte Badezimmer abzubauen, muss zunächst die gesamte Wasserversorgung abgesperrt werden. Zur Kontrolle drehen Sie alle Hähne auf und warten so lange, bis kein Wasser mehr ausfließt. Nun werden Armaturen und sanitäre Anlagen demontiert; die Wasserauslässe erhalten Blindstopfen. Die vorhandenen Kacheln oder Fliesen können hängen bleiben, soweit sie von der Vorwand später verdeckt werden.

2. Aufbau der Grundelemente

Nun kann der Aufbau der Grundelemente beginnen, die bereits alle notwendigen Anschlüsse für Kalt, Warm- und Abwasser enthalten. Auch Zwischenverbindungen werden gesetzt, die später mit verkleidet werden.

3. Anschlüsse anlegen

Die für die einzelnen Sanitäranlagen vorgesehenen Zu- und Abwasserleitungen werden angeschlossen. Im Montageset sind die benötigten Kunststoffrohre sowie Fittings üblicherweise enthalten. Die Anschlüsse sind in den Grundelementen sämtlich vormontiert. So brauchen Sie nur noch die Rohre vor der alten Wand zu den einzelnen Abnehmern zu führen, also beispielsweise den Abwasseranschluss des Grundelements bis zu dem in der Wand verlängern. Die Zu- und Ableitungen werden dann mit den Fittings an

Die Module werden zunächst provisorisch aufgestellt.

Der Abstand zur Wand sollte exakt ausgemessen werden.

Dann wird der Träger auch unten entsprechend ausgerichtet.

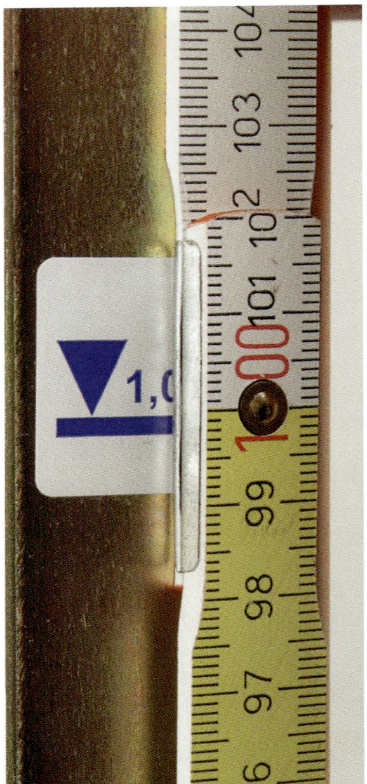

Die Mindesthöhe der Befestigung ist vorgegeben.

die entsprechenden Anschlüsse angelegt und auf Dichtigkeit geprüft.

4. Verkleiden
Für den Abschluss der Grundinstallation werden speziell imprägnierte Gipskartonplatten für den Trockenausbau in Feuchträumen als Verkleidung verwendet.
Die Platten sind weitgehend gegen das Eindringen von Feuchtigkeit gefeit und halten so auch die dahinter liegende Wand trocken. Die Platten sollten vor dem Kacheln sicherheitshalber mit Tiefengrund behandelt werden.

5. Abschluss
Im letzten Schritt können nun die Platten verfliest und dann die Armaturen und sanitären Objekte angebracht werden. Auch jede anderweitige Gestaltung der Vorbauwand ist natürlich möglich. Das Spektrum reicht vom einfachen Streichen bis hin zum Aufbringen von Putz.
Durch die Vorwandbauweise entfallen dabei die Wartezeiten auf das Austrocknen der Wand, die bei der Unterputzinstallation unvermeidlich sind.

Der Grundmodulaufbau

Im Lieferumfang eines Grundmoduls sind nicht nur alle benötigten Teile und Komponenten vorhanden: Meist ist der Rahmen bereits so vormontiert, dass man ihn nur noch an Wand und Boden zu befestigen braucht.
Zunächst stellt man alle Elemente an den vorgesehenen Einbaupositionen auf. So kann man noch einmal überprüfen, ob der selbst erstellte Aufbauplan sinnvoll ist und ihn gegebenenfalls noch einmal umstellen. Dann richtet man jedes Element exakt aus. Dabei ermöglichen Abstandhalter einen Ausgleich in der Tiefe und in der Höhe. Auch Unebenheiten in Boden oder Wand lassen sich dabei ausgleichen. Die Abstände sollten mit Maßband oder Zollstock kontrolliert werden. Mit der Wasserwaage stellen Sie zudem sicher, dass die Elemente gerade stehen. Jetzt kann man die Bohrlöcher anreißen, bohren, dübeln und verschrauben.

Zwischenträger setzen

Nachdem die einzelnen Module montiert wurden, bereitet man – sofern gewünscht – die Verkleidung der gesamten Vormauer vor. Wenn die Module etwas weiter voneinander entfernt stehen, lässt sich eine durchgehende Verkleidung mit Gipskarton nur erzielen, wenn Zwischenträger gesetzt werden. Der Einbau eines solchen

Wichtig ist der gerade Sitz des Elements. Bevor man es verschraubt, wird die waagerechte Ausrichtung mit der Wasserwaage geprüft.

Damit das Element sicher steht, wird es in Wand und Boden verdübelt.

Die benötigten Schrauben zählen zum Lieferumfang.

Nach der Montage wird noch einmal mit der Wasserwaage geprüft.

Vorwandelemente vereinfachen nicht nur den Anschluss, sondern dienen auch als Traggerüste für Sanitärobjekte.

Die entsprechenden Gewindeschrauben lassen sich verstellen.

Plastikröhren schützen die Keramik beim Aufstecken.

Für die Wasserzuleitung schrauben Sie an den Vorwandelementen die mitgelieferten Fittings an.

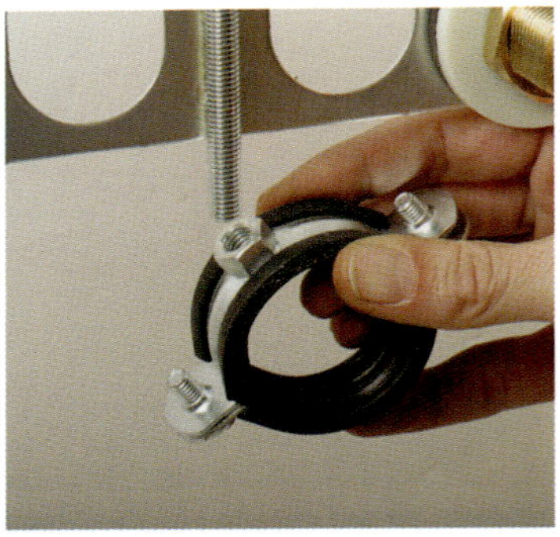

Für den Abwasseranschluss wird eine Schelle aufgeschraubt.

Das Abwasserrohr kann dabei flexibel ausgerichtet werden.

Systemelements ist alle 60 cm erforderlich, um den festen Halt der Platten sicherzustellen. Zunächst werden die genauen Trägerpositionen ermittelt und die Bohrpositionen angezeichnet. Auch der Sitz der Träger sollte mit der Wasserwaage überprüft und lotrecht ausgerichtet werden. Neben diesen Zwischenträgern (Höhe: 108 cm) gibt es auch raumhohe Schachtelemente für den Aufbau einer Duschwand sowie Eckstücke, mit denen die Vorwand um eine Raumecke herumgeführt werden kann.

Anschlüsse herstellen

Nachdem das Vorwandsystem fest aufgestellt ist, bereiten Sie die Wasserzu- und -ableitungen vor. Die dazu nötigen Adapter und Verbindungsteile liegen oft nicht nur bei, sondern sind teilweise schon vormontiert. So gibt es z. B. Schellenhalterungen für das Einhängen von 90°-Abwasserwinkeln oder Schraubverbindungen für die Entnahmestellen. Auch die Gewindestangen, die man zur Befestigung der Sanitärobjekte benötigt, zählen zum Lieferumfang. Alle Teile werden aufgeschraubt und dann an den Wasserkreislauf des Hauses angelegt.
Bei WC-Elementen ist der Spülkasten bereits integriert und weitgehend vormontiert. Die Wasserzuleitung allerdings muss bei einigen Systemen gesondert eingebaut werden.
Besondere Beachtung verdient dabei der Schallschutz: Die Hersteller liefern passende Schallschutzelemente mit. Diese verhindern, dass sich Fließgeräusche auf das Vorwandelement übertragen und so eventuell im ganzen Haus zu hören sind.

Verkleidung anbauen

Jetzt können die Module und Zwischenträger mit den Gipskartonplatten verkleidet werden. Sofern die Platten zum Lieferumfang gehören, sind diese bereits mit entsprechenden Aussparungen für die Durchführung von Warm- und Kaltwasser sowie von Abwasser versehen. Zum Befestigen der Platten am Elementerahmen oder Zwischenträger setzen Sie handelsübliche Schnellbauschrauben ein. Vorbohren erleichtert das Einschrauben.
Für die Zwischenbeplankung müssen die Platten passend zugeschnitten werden. Dazu messen Sie die Platten genau aus, reißen eine Markierung an und schneiden das Stück dann passgerecht zu.
Wenn keine Platten zum Lieferumfang gehören, müssen Sie die Aussparungen selbst ausführen. Dazu werden die Positionen der Wasserentnahmestellen sowie des Abwasserrohres genau ausgemessen und auf die Platten übertragen. Die Aussparungen selbst sägen Sie am einfachsten mit einem entsprechenden Kreisbohrer.

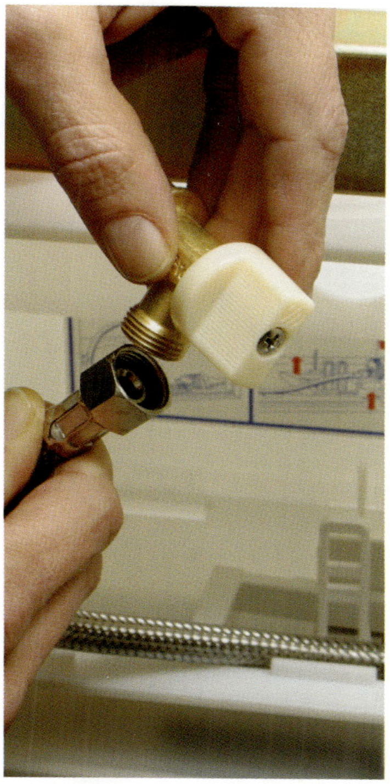

Bei WC-Elementen ist der Spülkasten integriert.

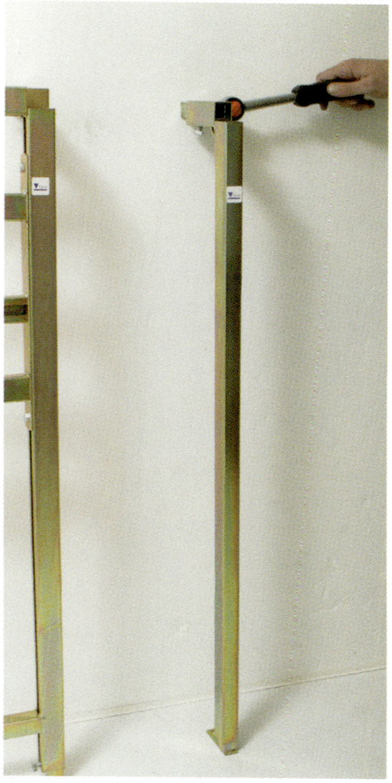

Zwischenträger vereinfachen es, eine ganze Wand zu verkleiden.

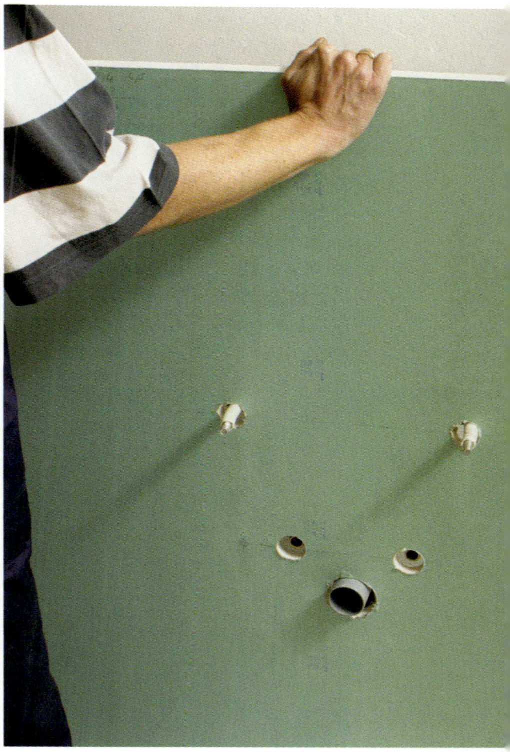

Nach der Montage werden die Elemente mit Gipskarton verkleidet.

Abwasserrohre aus Kunststoff lassen sich sehr leicht selbst verlegen – sie werden nur ineinander gesteckt.

Vor dem Ineinanderstecken wird die Gummidichtung dünn mit Gleitmittel bestrichen.

Anschließend wird das Anschlussstück aufgesteckt.

Abwasserrohre fachgerecht verlegen

Das komplette Abwassersystem wird heute aus Kunststoffrohren installiert. Man unterscheidet dabei Abwasserrohre für die Installation im Gebäude (HT-Rohre) von solchen für die Installation im Außenbereich (KG-Rohre).
Die grauen HT-Rohre gibt es in allen gängigen Durchmessern und mit entsprechenden Formteilen zum Erstellen von Übergängen oder Abzweigungen. Sie werden mit selbstdichtenden Steckverbindungen angeschlossen. Der große Vorteil ist auch hier die leichte Be- und Verarbeitung des Materials. Bei der Planung sollten Sie Folgendes beachten: Rechtwinklige Umleitungen von 90° sind nicht erlaubt. Es könnten sich Stauungen mit entsprechenden Auswirkungen und starker Geräuschentwicklung bilden. Ein solcher Richtungswechsel sollte also über zwei 45°-Umlenkungen aufgebaut werden.
Wichtig sind auch Revisionsöffnungen (Klappen). Diese sind vor allem am Ende von Fallleitungen einzuplanen, um das Rohr im Bedarfsfall reinigen zu können.
Außer den Rohren benötigen Sie die passenden Befestigungsschellen.
Am besten wählen Sie – wie bei der Trinkwasserinstallation – nur

Abwasserrohre aus Kunststoff sind leicht zu verarbeiten. Zum Verlegen im Gebäudeinneren bietet der Handel die grauen HT-Rohre an. Für alle Anschlüsse und Ableitungen gibt es entsprechende Formstücke.

Eine Gehrungslade erleichtert das exakte Durchtrennen der Kunststoffrohre mit einer feinzahnigen Säge.

schallisolierende Befestigungen. Zur Berechnung der benötigten Schellen gelten folgende Faustregeln:

- bei senkrechter Verlegung sollte der Abstand zwischen den Befestigungen das 15-fache des Rohrdurchmessers betragen (bei einem Rohrdurchmesser von 50 mm also alle 75 cm eine Schelle setzen);
- bei waagerechter Verlegung gilt der zehnfache Faktor (bei 50 mm Rohrdurchmesser also alle 50 cm eine Schelle setzen).

Ein Profi-Tipp dazu: Schellen sollten nicht direkt unter oder über Decken und Böden gesetzt werden; halten Sie für die erste Schelle immer einen Abstand von 10 bis 12 cm zu Decke und Boden ein. Außerdem sollten Sie das Rohr an der Wand provisorisch anhalten, ehe Sie die Schellen befestigen.

Dicht durch Aufeinanderstecken
Zum Durchtrennen der Rohre verwenden Sie eine feinzahnige Säge, eine Gehrungslade erleichtert das nötige exakte Kürzen. Mit Schleifpapier oder einer Halbrundfeile müssen die Ränder der Schnittstelle nach dem Durchtrennen geglättet, also entgratet werden. Sonst können auch hier Fließgeräusche entstehen. Bevor Sie die Rohre ineinander stecken, sollten Sie ein Gleitmittel auf die Gummidichtung aufbringen. Dies erleichtert das Zusammenstecken. Aber Achtung: Schieben Sie die Rohre nicht bis zum Anschlag ineinander, da wegen Temperaturschwankungen ein Dehnungsausgleich von rund 1 cm erforderlich ist.

Das richtige Gefälle
Bei der waagerechten Verlegung kommt es auf das richtige Gefälle an, damit das Wasser optimal abfließen kann. Als Richtwert gilt hier eine Neigung von ca. 2 %. Bei einer Rohrlänge von z. B. 5 m sollte sich das Rohr also um rund 10 cm neigen.
Bei deutlich geringerem Gefälle fließt das Wasser nicht ausreichend ab. Steilere Winkel sind ebenfalls unvorteilhaft, weil dann lauter Aufprallgeräusche an der Verbindung zu senkrechten Rohren entstehen.
Das Gefälle ermitteln und überprüfen Sie mit einer Wasserwaage oder durch Messen der Abstände zum Boden hin.

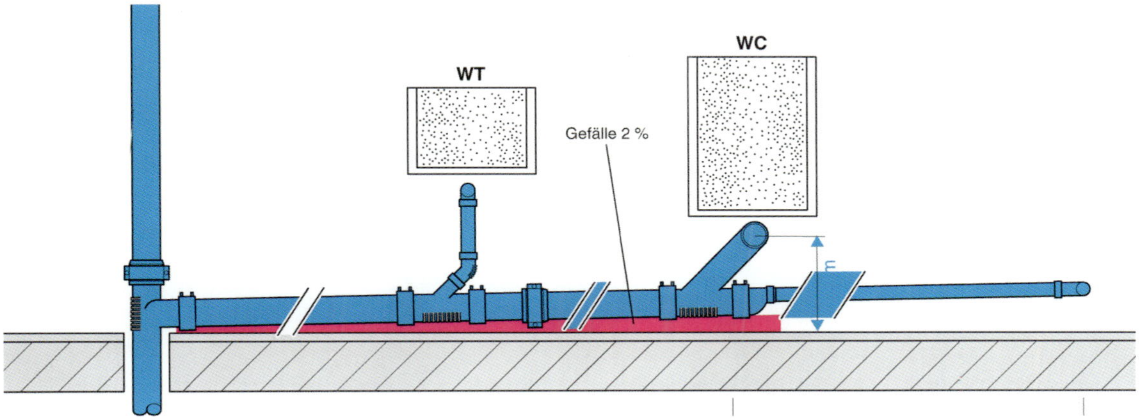

Vor der Montage von Sanitärobjekten sollten Sie diese weitgehend vormontieren und beispielsweise den Ventilkelch einsetzen.

Montage von Objekten und Armaturen

Bei den meisten Sanitärobjekten empfiehlt es sich, vor dem Befestigen an der Wand zunächst die Armaturen und Abläufe vorzuinstallieren, da die Befestigungspositionen später nur schwer erreichbar sind. Das gilt besonders für Waschbecken.
Vormontiert wird zunächst die Armatur selbst, bei der alle benötigten Montageteile zum Lieferumfang zählen. Bei den meisten Markenarmaturen liegen auch die flexiblen Anschlussschläuche bei, die Sie für das Anlegen an die Entnahmestellen für Kalt- und Warmwasser benötigen.
Etwas anders sieht dies bei den Abflüssen aus: Zwar liegt oft der Ventilkelch, der direkt am Waschbeckenablauf montiert wird, bei, nicht jedoch der Siphon. Über ihn wird der Ablauf mit dem Anschlussstück in der Wand verbun-

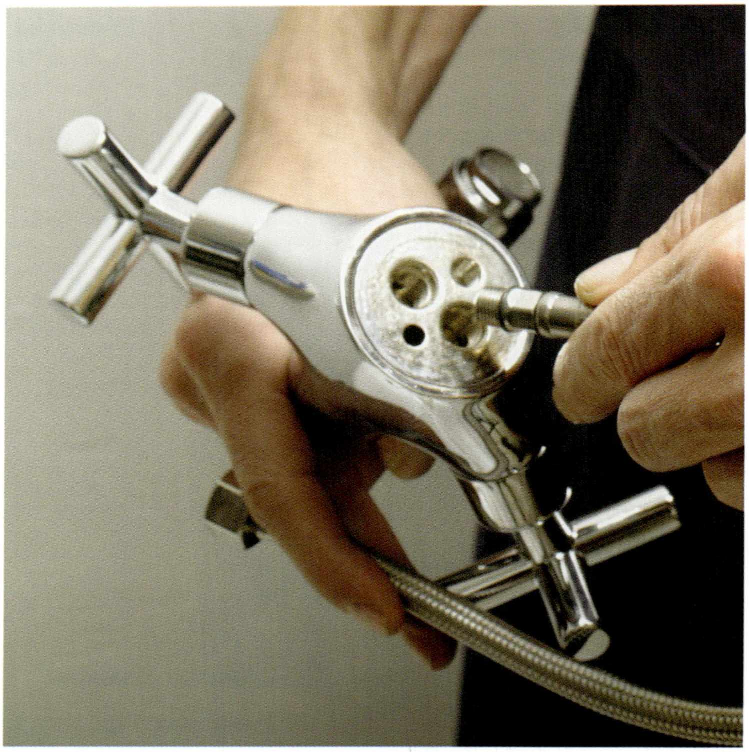

An den Armaturen drehen Sie zunächst die Anschlussschläuche für Kalt- und Warmwasser auf und ziehen diese dann mit einem Gabelschlüssel fest an.

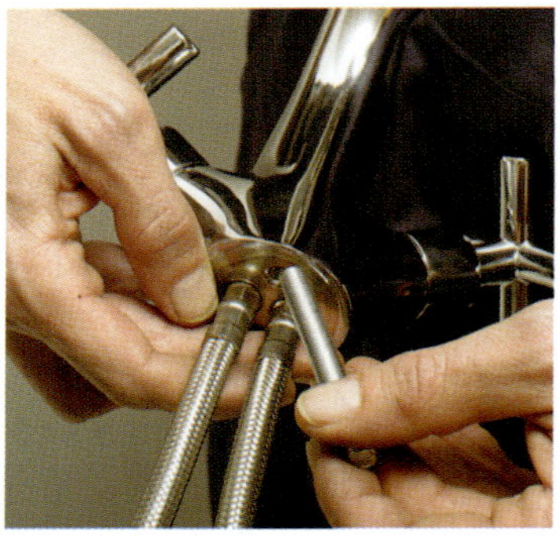

Dann drehen Sie die Gewindestangen in die Armatur ...

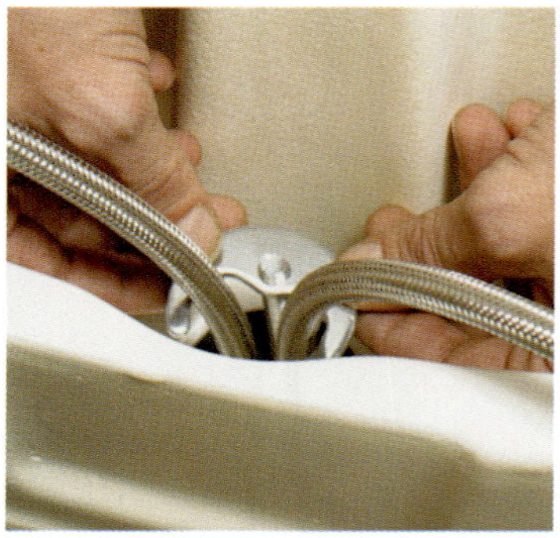

... setzen diese ein und schrauben Sie dann von unten fest.

den. Bei der Waschtischmontage muss der Siphon also in der Regel gesondert gekauft werden. Für die sichtbare Montage empfiehlt sich ein verchromter Siphon; ist er nicht zu sehen, reicht ein einfacher Siphon aus Kunststoff.
Das Anschlussrohr für den Abwasseranschluss muss einfach nur zusammen mit der mitgelieferten Dichtmanschette in den Anschluss in der Wand eingesteckt werden.
Das Wasser wird der Armatur über ein Eckventil zugeführt. Dieses müssen Sie gegebenfalls erst noch einschrauben. Damit keine Dichtungsprobleme entstehen, wird das Gewinde zuvor mit Teflonband umwickelt.
Für den Anschluss der Wasserzuleitung an das Eckventil kann man flexible Schläuche oder dünnes, verchromtes Kupferrohr einsetzen. Bei flexiblen Schläuchen ist die Überwurfmutter mit Dichtung bereits vormontiert; bei Röhren müssen Sie die benötigte Quetschverbindung gesondert zukaufen.

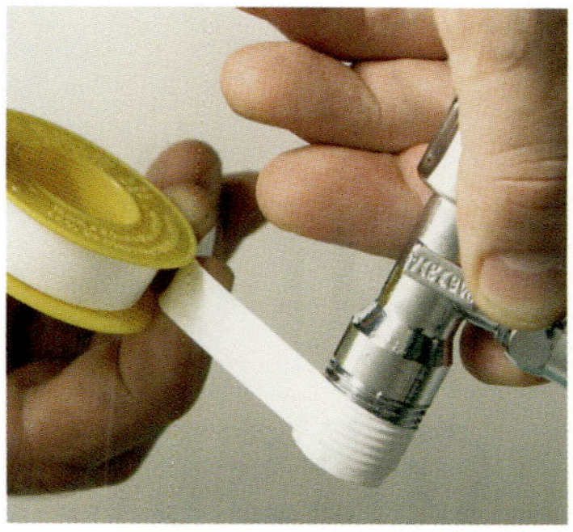

Das Gewinde des Eckventils wird vor der Montage abgedichtet.

Dann schrauben Sie das Eckventil einfach in der Wand ein.

Abschließend wird die Wasserzufuhr aufgeschraubt.

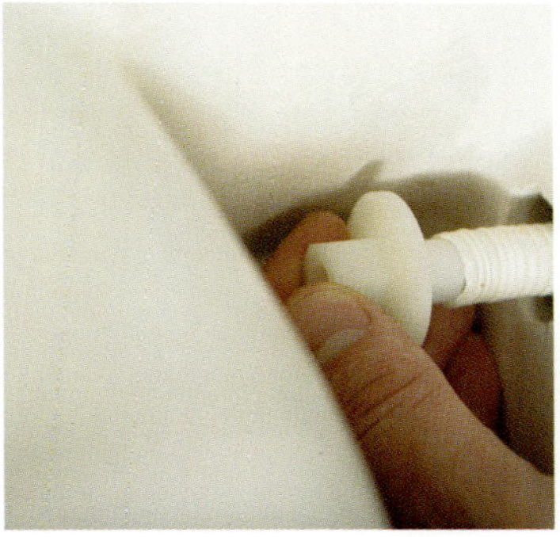

Nach der Vormontage schrauben Sie das Objekt am Träger fest.

Bei Waschtischen müssen Sie jetzt noch den Siphon anschrauben.

Dabei kommt es darauf an, dass die einzelnen Chromteile dicht schließen. Sie werden mit der Wasserpumpen- oder Siphonzange festgedreht.

Wände und Böden neu gestalten

Unaufwändig renovieren und verschönern

Kaum etwas prägt das Gesamtbild und die Atmosphäre in einem Badezimmer mehr als die Gestaltung von Wänden und Böden. Und einer der Hauptgründe für die Renovierung eines Bades sind deshalb unansehnliche, unhygienische oder unzeitgemäße Fliesen. Das Auswechseln von alten Fliesen ist allerdings eine sehr arbeitsaufwändige, kraftzehrende und schmutzintensive Aufgabe, da jede Fliese einzeln abgeschlagen werden muss.
Doch diese unangenehme Arbeit kann vermieden werden; es bieten sich verschiedene Alternativen an, das Badezimmer unaufwändiger zu verschönern.
Zu überlegen ist zunächst, ob wirklich alle alten Fliesen erneuert werden müssen oder ob es nicht z. B. ausreicht, nur einen Teil der Wände mit Gipskarton oder mit Holzpaneelen neu zu gestalten.

Mit einem Fugenstift können Sie weiße Fugen auffrischen.

Schimmel sollten Sie in jedem Fall mit Spezialreiniger entfernen.

Fugenfarbe ist effektiv und lässt sich einfach verarbeiten.

Alte Fliesenbilder leiden häufig unter verschmutzten Fugen und kleinen Beschädigungen. Die Fugen allerdings lassen sich sehr gut mit speziellen Produkten auffrischen und kleinere Schäden z. B. mit selbstklebenden Dekorfliesen kaschieren. Auf diese Art renovierte Fliesenflächen wirken anschließend wie neu – vor allem dann, wenn zusätzlich auch andere Teile neu gestaltet werden und so z. B. zeitgerechte Sanitärobjekte und Armaturen die Blicke auf sich ziehen.
Aber selbst, wenn die alten Fliesen im neuen Bad gar nicht mehr zu sehen sein sollen, müssen sie nicht zwangsläufig von der Wand geschlagen werden. Drei Alternativen stehen zur Wahl:

- Neue Fliesen direkt auf die alten Fliesen kleben (siehe S.32);
- Verkleiden der Wände mit Paneele (siehe S. 34);
- Gipskartonplatten direkt auf die alten Fliesen kleben (siehe S. 36).

Auch Kombinationen sind problemlos möglich. So kann beispielsweise hinter WC oder Urinal eine alte Fliesenwand mit neuen Fliesen halbhoch beklebt werden. Ab einer Höhe von gut 1 m klebt man dann Gipskartonplatten auf die alte Wand.
Die Platten können anschließend mit nahezu jedem Wandbelag gestaltet werden: Das Spektrum reicht von dekorativen Putzen über Tapeten bis hin zu Wand- oder Strukturfarben.

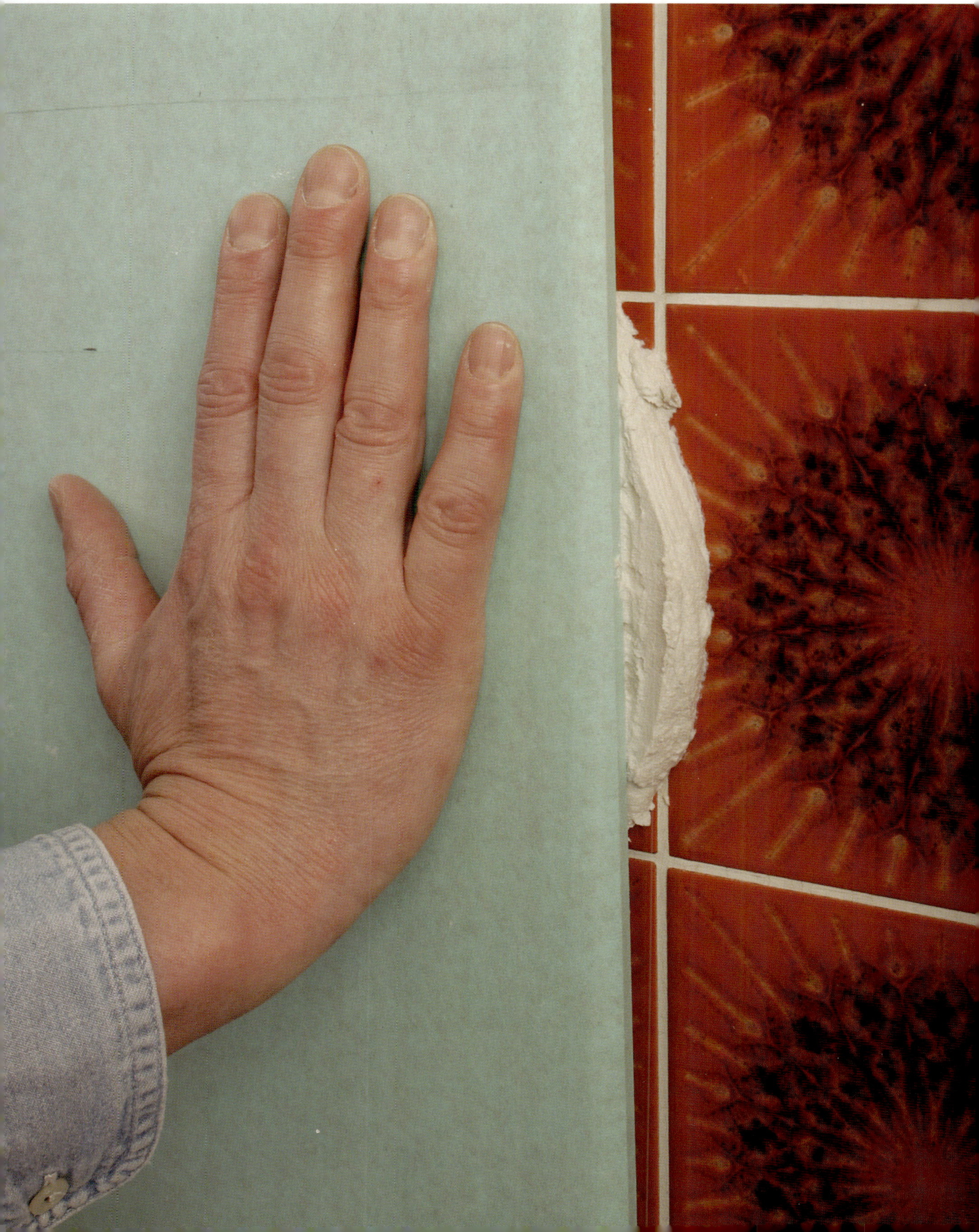

Fugen mit Farbe auffrischen

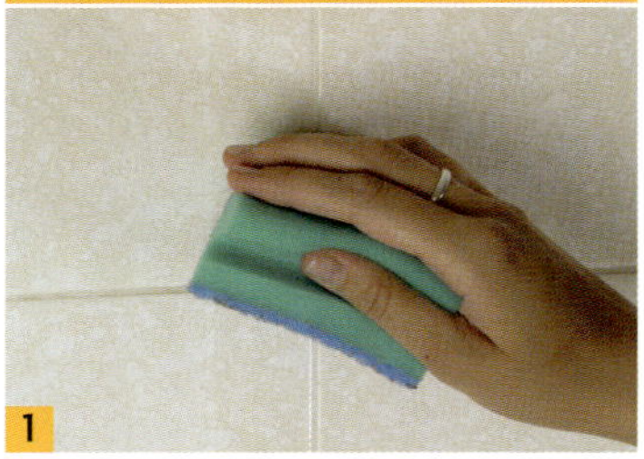

Vor dem Auffrischen müssen die Fugen gründlich gereinigt werden und vor allem fettfrei sein.

Die Fugenfarbe wird mit der weichen Seite des zum Lieferumfang gehörenden Schwamms aufgetragen.

Die Farbe verteilen Sie gleichmäßig auf den Fugen und lassen sie anschließend gut trocknen.

Abschließend wird die überschüssige Farbe mit der harten Seite des Schwamms abgewischt.

Fugen und Fliesen reinigen

Dunst, Staub und Schimmel setzen mit den Jahren jeder Fliesenfläche zu. Der Schmutz- und Grauschleier stört nicht nur die Optik, sondern ist auch unhygienisch. Bevor man den Flächen eine Schönheitskur angedeihen lässt, müssen diese deshalb erst einmal gründlich gereinigt werden. Dazu bietet der Handel spezielle Produkte an, die zuerst aufgesprüht und dann abgewaschen werden. Die Reiniger beseitigen zwar Fettablagerungen und Dreck, nicht aber Schimmel.
Leichtem Befall rückt man zusätzlich mit Essigwasser und festem Schwamm zu Leibe. Wenn die schwarzen Flecken aber bereits überhand genommen haben, kommt man mit diesem Hausmittel nicht mehr weit. Dann hilft nur der Griff zum Schimmelentferner. Da die chlorhaltige Chemikalie nicht ungefährlich ist, sollte man unbedingt die Anwendungshinweise des Herstellers beachten.

Die Dekorfliesen werden vor dem Verkleben mit einem Föhn erwärmt. Das macht sie geschmeidiger.

Wenn man sich am Fugenverlauf orientiert, fällt es leicht, die Dekorfliesen exakt gerade aufzukleben.

Fugen auffrischen

Für das Auffrischen von Fugen stehen zwei Alternativen zur Wahl: Entweder man zeichnet die Fugen mit einem speziellen weißen Marker nach oder man trägt eine Spezialfarbe mit dem Schwamm auf. Die Anwendung des Markers, den man im Baumarkt erhält, ist denkbar einfach: Erst kräftig schütteln, oben pumpen und dann die Fugen wie mit einem normalen Stift nachzeichnen.
Der Stift ist dabei für Fugenbreiten von 2 bis 4 mm geeignet; bei breiteren Fugen muss er dementsprechend mehrfach durch die Fuge gezogen werden. Nachteilig ist zudem, dass es den Marker nur mit weißer Farbe gibt.
Dies ist bei Fugenfarbe anders; es gibt sie in mehreren Tönungen. Die Farbe ist für jede Fugenbreite geeignet und lässt sich einfach verarbeiten. Nach dem Aufrischen lassen sich die Fugen wie gewohnt reinigen; sie sind wasser- und wischbeständig.

Die Dekorfliesen sind selbstklebend. Zum Verkleben muss nur die hintere Schutzfolie abgezogen werden.

Die Fliese muss kräftig gegen die Wand gedrückt werden, damit sie dauerhaft hält.

Fliesen bekleben

Müssen Badezimmer eigentlich immer irgendwie langweilig aussehen? Das haben sich führende Designer gefragt und pfiffige selbstklebende Aufkleber entwickelt. So wird es möglich, ganz unaufwändig das Bad in einen neuen Look zu tauchen.
Die Aufkleber gibt es in verschiedenen Kollektionen, so z. B. in bunten Farben, mit peppigen Figuren und Zeichen oder in schwarzweißem Design. Neben den vollflächigen Fliesenaufklebern ergänzen selbstklebende Bordüren die Auswahl. Je nach Geschmack lassen sich die Aufkleber der einzelnen Kollektionen auch mischen und so ganz individuelle Gestaltungen finden.
Die Aufkleber sind für das meist benutzte Wandfliesenmaß von 15 x 15 cm ausgelegt. Sie bestehen aus farbig hinterlegtem Gießharz und lassen sich sehr leicht reinigen. Am besten wirken sie auf einfarbigen Fliesen.

Fliesenlack wird in zwei Schichten aufgetragen. Damit er gut haftet, werden die alten Fliesen zunächst mit einer speziellen Grundierung vorbehandelt. Der Lack wird dann mit Rolle und Pinsel aufgetragen.

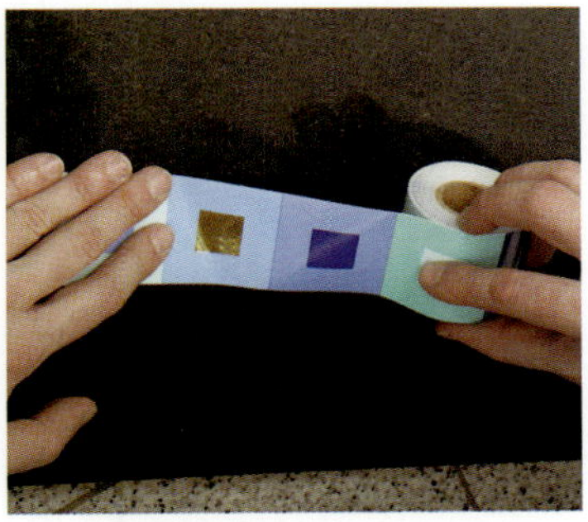

Selbstklebende Dekorstreifen lassen sich einfach und sehr schnell verkleben.

Dickere Dekorstreifen wirken hochwertiger und werden einfach aneinandergereiht.

Fliesen lackieren

Fliesen zu lackieren ist eine der einfachsten Möglichkeiten, alte und unattraktive Badezimmerwände neu zu gestalten. Bei fachgerechter Verarbeitung des Fliesenlacks bildet dieser eine sehr belastbare Oberfläche aus, die auch noch nach Jahren attraktiv wirkt.
Zum Lackieren von Fliesen bietet der Handel speziell aufeinander abgestimmte Systeme aus Haftgrund und speziellem Fliesenlack an. Bei den Produkten handelt es sich um Zwei-Komponenten-Systeme: Sowohl Grundierung als auch Lack müssen also vor dem Aufstreichen aus zwei Produkten angemischt werden.
Vor der Schönheitskur sollten Sie die Fläche gründlich reinigen. Am besten verwenden Sie dazu speziellen Fliesen- und Fugenreiniger (so genannter Grundreiniger).
Der Fliesenlack haftet nicht auf Silikon. Alte Dichtungsfugen aus diesem Material müssen deshalb gänzlich entfernt werden. Dazu schneiden Sie die Fugen mit einem Messer aus und beseitigen letzte Reste mit Silikon-Entferner.
Bevor Sie mit dem Lackieren beginnen, sollten Sie Sanitärobjekte und Boden sauber abkleben, da sich Flecken nur schwer entfernen lassen.
Zunächst mischen Sie den Haftgrund nach Herstellerangaben an. Mit dem Pinsel werden Ecken und Kanten dünn vorgestrichen, bevor dann die Fliesen mit einer Schaumstoffrolle grundiert werden.
Den Lack tragen Sie in zwei Schichten auf. Auch ihn müssen Sie zunächst anmischen. Dann streichen Sie Ecken und Kanten mit dem Pinsel. Anschließend trägt man mit der Rolle den Lack zunächst diagonal auf und verteilt ihn dann durch waagerechte oder senkrechte Rollbewegungen. Die zweite Lackschicht kann frühestens 12 Stunden nach der ersten aufgetragen werden.

Neue Fliesen in alten Bädern tragen maßgeblich zum Erfolg der Renovierung bei; hier ist die Fugenfarbe perfekt auf die Wandgestaltung abgestimmt.

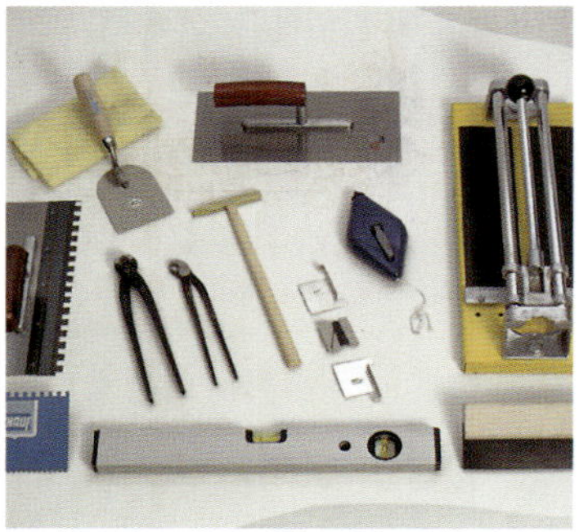

Zum Verfliesen benötigen Sie eine Reihe von Spezialwerkzeugen.

Besonders wichtig ist eine möglichst professionelle Schneidemaschine.

Wände und Böden verfliesen

Fliesen sind aus dem Badezimmer nicht fortzudenken. Ob auf dem Boden oder an der Wand: Kein anderes Material bietet einen so perfekten Feuchtigkeitsschutz bei geringem Preis, hoher Langlebigkeit und leichter Pflege.
Ein Bad komplett zu fliesen ist ohne entsprechende Übung nicht zu empfehlen – das ist eine Aufgabe, für die man Erfahrung und Fachkenntnisse benötigt. Kleinere Flächen allerdings oder halbhohe Wände selbst zu verfliesen, ist vor allem in Räumen mit relativ geraden Wandverläufen und ebenen Untergründen nicht allzu schwierig.
Bei einer Badrenovierung müssen dabei alte Fliesen nicht unbedingt abgeschlagen werden – im Gegenteil: Man kann sie sehr gut überfliesen.
Wichtig ist allerdings, dass man die alten Fliesen gut reinigt und anschließend gründlich mit Haftgrund bestreicht. Für das Überfliesen selbst bietet der Handel speziellen Kleber an.
Für den Erfolg sind folgende Faktoren entscheidend:

- **Gründliche Vorplanung**
  Hierbei sollte man nicht nur den Materialbedarf berücksichtigen, sondern auch das Fliesenbild genau festlegen. Wichtig ist zu wissen, wo genau mit dem Fliesen begonnen wird.

Um neue Fliesen aufzukleben, wird zunächst gründlich gesäubert.

Vor dem Überfliesen sollten Sie speziellen Haftgrund auftragen.

Die Fliesen werden genauso wie auf Standarduntergründen geklebt.

Zunächst ziehen Sie den Kleber mit einem Zahnspachtel auf und drücken dann die Fliesen hinein.

Achten Sie darauf, dass die Fliesen exakt gerade sitzen. Beim Ausrichten hilft eine Fliesenhexe.

Bei Übergängen sollten die Fliesen so gelegt werden, dass ein durchgängiger Fugenverlauf entsteht.

Nach dem Trocknen des Klebers wird das Fugenmaterial aufgetragen.

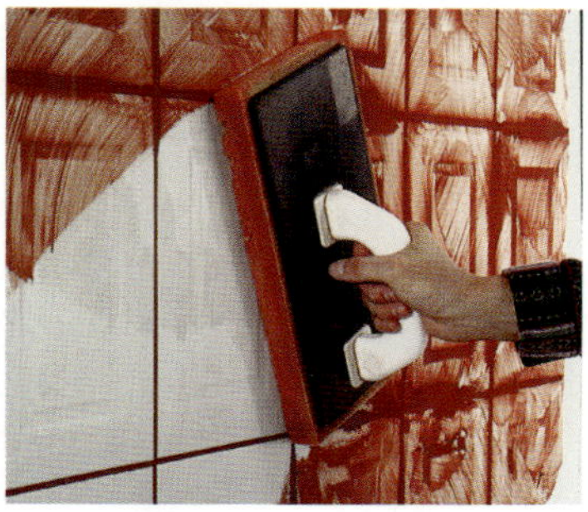

Wischen Sie das überschüssige Material mit einem speziellen Waschbrett ab.

Das Fugen bei Bodenfliesen erfolgt mithilfe eines Gummiabziehers.

- **Gutes Werkzeug**
  Ob Schneidemaschine, Fliesenhexe oder Papageienschnabel – für das Verfliesen benötigt man eine ganze Reihe von Spezialwerkzeugen. Billigware erschwert die Verarbeitung. Bei einem schlechten Fliesenschneider beispielsweise ist Bruch fast vorprogrammiert.
- **Exaktes Arbeiten**
  Schief und krumm verlegte Fliesen wirken sehr unprofessionell.

Solche Fehler lassen sich nur vermeiden, wenn exakt gearbeitet wird. Besondere Sorgfalt ist beim Ausrichten der Fliesen oberstes Gebot.

Vor Beginn der Arbeiten sollte der Untergrund grundiert werden. Optimal ist es, gut aufeinander abgestimmte Materialien zu verwenden. Am besten entscheiden Sie sich für Grundierung, Kleber und Fugenfüllmaterial eines Herstellers.

Neben Design, Farbe und Oberflächenstruktur der Fliesen prägen die Fugen das Erscheinungsbild maßgeblich mit. Wichtig ist hier nicht allein die Farbe, sondern auch die Breite der Fugen. Dabei gilt: Je größer die Fliesen sind, desto breiter können die Fugen ausfallen. Das Verlegen in gleichbleibenden Abständen erleichtern so genannte Fugenkreuze, die der Handel in allen gängigen Fugenbreiten führt.

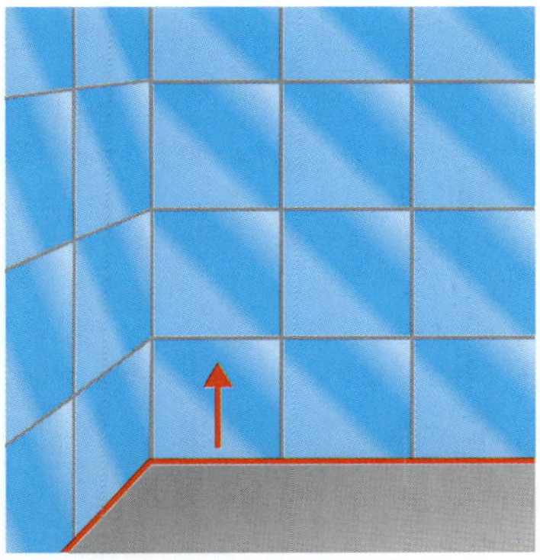

Beim Verfliesen von Wänden beginnt man normalerweise unten.

Bei halbhohen Wänden hingegen fängt man oben an.

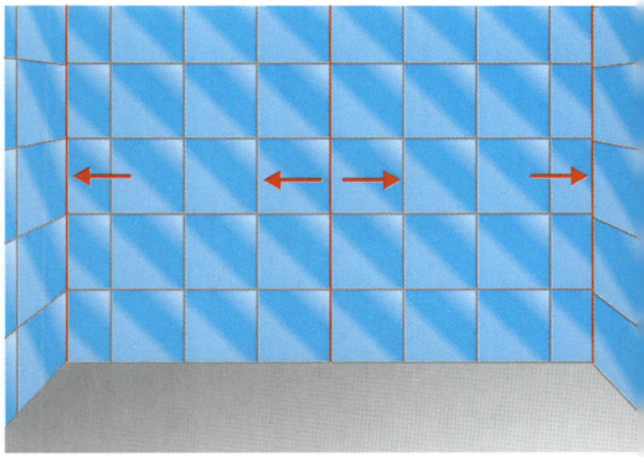

Ein perfektes Fliesenbild entsteht, wenn man exakt mittig beginnt.

Paneele befestigen

Zunächst schrauben Sie eine Konterlattung z. B. aus Dachlatten quer zur Verlegerichtung der Paneele auf die Wand auf.

Die Paneele werden mit speziellen Klammern auf der Konterlattung befestigt. Paneele und Klammern müssen exakt zueinander passen.

Die Klammern können auf verschiedene Arten befestigt werden. Zum Einschlagen der Nägel benötigen Sie eine so genannte Nagelhilfe.

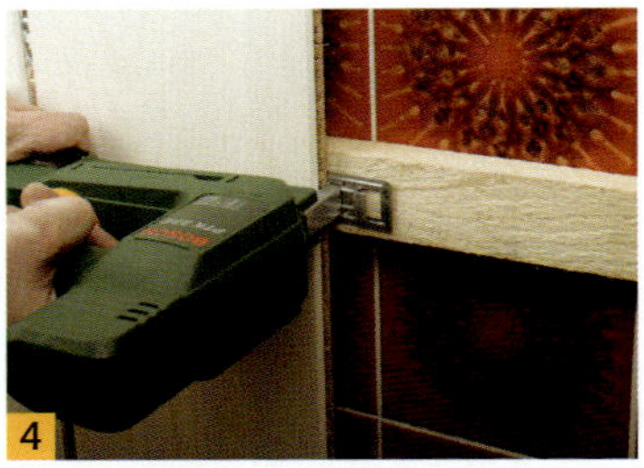

Leichter geht es, wenn Sie die Klammern mit einem Tacker befestigen oder verschrauben. Dies ist aber nicht bei jeder Klammer möglich.

Paneele durchtrennen Sie am einfachsten mit einer Kreissäge. Diese setzen Sie auf der Paneelrückseite an, damit ein sichtbar sauberer Schnitt entsteht.

Wände und Decken mit Paneelen verkleiden

Wände und Decken mit Paneelen aus Kunststoff oder Holz zu verkleiden, ist eine weitere Alternative, alten Bäder ein neues „Gesicht" zu geben. Wichtig dabei: Sie sollten nur Paneele verwenden, die ausdrücklich für Feuchträume geeignet sind. Diese sind besonders imprägniert. Andernfalls besteht die Gefahr, dass die Feuchtigkeit in das Material eindringt und die Verkleidung aufquillt.

Die Gestaltung mit Paneelen hat den Vorteil, dass die alten Wandbeläge nicht abgelöst werden müssen. Die für die Befestigung notwendige Konterlattung lässt sich nämlich auf nahezu jedem Untergrund aufbringen. Unter einer Konterlattung versteht man quer zur Velegerichtung der Paneele aufgeschraubte Latten wie z. B. Dachlatten. Auf dieser Konterlattung werden dann die Paneele mit speziellen Klammern befestigt. Die Latten sollten alle 40 bis 50 cm aufgeschraubt werden sowie rings um die zu verkleidende Fläche. Achten Sie darauf, dass die Latten anschließend eine weitgehend ebene Fläche ermöglichen (mit Wasserwaage überprüfen). Bei schiefen Untergründen helfen flexible Abstandhalter, die Lattung entsprechend aufzubringen.

Das erste Paneel wird mit Wasserwaage oder Lot exakt gerade ausgerichtet und mit Stiftnägeln auf der Konterlattung befestigt. Einen schiefen Wandverlauf gleichen Sie später – sofern notwendig – mit einem Eckprofil aus, das für einen optisch sauberen Abschluss sorgt. Alle folgenden Paneele müssen Sie dann nur noch sauber mit den entsprechenden Klammern anschließen.

Für das Befestigen der Klammern bieten sich drei Alternativen an:

- **Nageln**
  Damit Sie beim Einschlagen der Nägel die Paneele nicht beschädigen, sollten Sie eine Nagelhilfe verwenden. In diese wird vorn der Nagel eingespannt und gehalten. Hinten befindet sich ein Bolzen, über den der Schlag

Wand- und Deckenverkleidungen lassen sich durch Dekorstreifen aufwerten. Dazu werden spezielle Paneele benötigt. Die Dekorstreifen gibt es in verschiedenen Stilvarianten.

vorn auf den Nagel übertragen wird.

- **Verschrauben**
  Mit kleinen Schrauben und einem Akkubohrer oder -dreher befestigen Sie die Klammern leicht und schnell.
- **Vertackern**
  Diese sehr rationelle Methode ist leider nicht bei allen Klammern möglich. Beim Kauf der Klammern sollten Sie sich deshalb erkundigen, ob diese mit einem Elektrotacker befestigt werden können.

Die Paneele müssen auf die Raummaße gekürzt werden. Dabei beginnt man mit dem Reststück einer Reihe die nächste – so entsteht kein Verschnitt.
Gesägt wird mit einer Kreis- oder Kappsäge – Stichsägen sind weniger geeignet. Die Schnittkanten bleiben sichtbar. Deshalb sollten Sie ein scharfes Sägeblatt verwenden und die Säge immer auf der Rückseite des Paneels ansetzen – so fransen die Schnittkanten auf der sichtbaren Seite weniger aus.

Das Paneel ist auf beiden Seiten genutet. Der Dekorstreifen dient als Feder. Damit dies funktioniert, benötigen Sie spezielle Klammern.

Konterlattungen

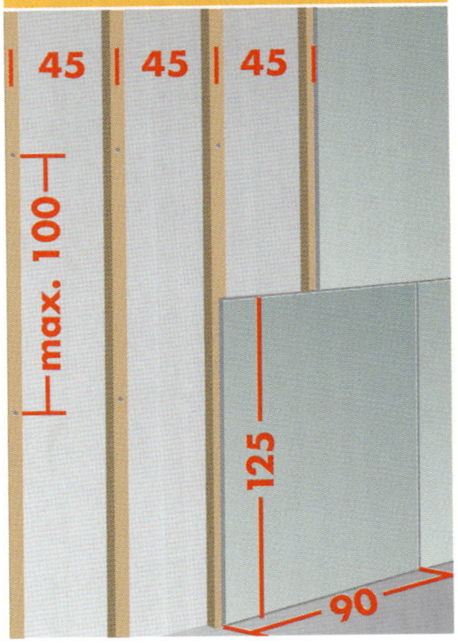

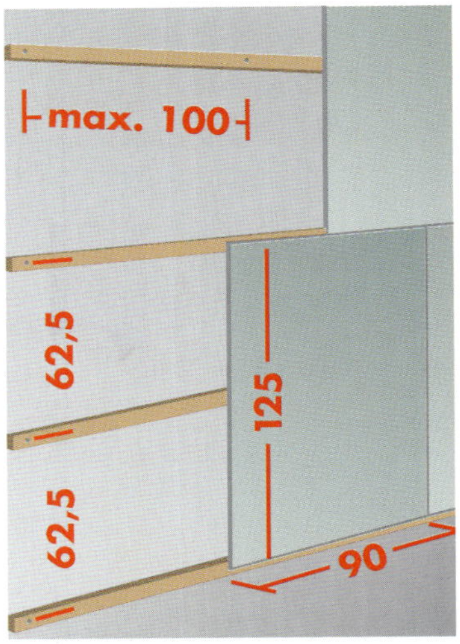

Wenn Gipskartonplatten auf einer Konterlattung verschraubt werden, sollten Sie die in der Grafik gezeigten Maße einhalten.

Die Übergänge zwischen den Platten spachteln Sie glatt.

Auf verfliesten Wänden verklebt man Gipskarton mit Ansetzbinder.

Wände verputzen

Die rauhe Oberfläche eines Putzes bildet einen besonders reizvollen Kontrast zu glatt verfliesten Wänden. Putz empfiehlt sich aber nicht nur aus optischen Gründen fürs Badezimmer: Er ist vor allem auch feuchtigkeitsregulierend und atmungsaktiv. Die hohe Luftfeuchtigkeit in einem Bad schadet dem Material also nicht – ganz im Gegenteil: Putz kann Feuchtigkeit aufnehmen und so zu einem besseren Raumklima beitragen.
Die Gestaltungsvielfalt des Materials ist besonders groß: Durch unterschiedliche Techniken beim Auftragen lasssen sich sehr verschiedene Putzbilder erzeugen – das Spektrum reicht vom klassischen Reibeputz bis hin zu frei modellierten Flächen.
Eine Wand sauber zu verputzen erfordert viel Erfahrung und Kenntnisse im Umgang mit Traufel, Kelle und Co. Wer auf einen einheitlichen, professionellen Putzauftrag Wert legt, beauftragt deshalb am besten einen Fachmann.

Fertigputz verarbeiten

Neben dem klassischen Putz, der angesetzt werden muss, bietet der Handel auch so genannten Fertigputz an. Dieser ist verarbeitungsfertig vorgemischt und muss nur noch unter Zugabe von etwas Wasser aufgerührt werden. Er kann dann ganz einfach mit der Rolle, einem Quast oder einer Glättkelle aufgetragen werden. Die Verarbeitung gleicht dabei im

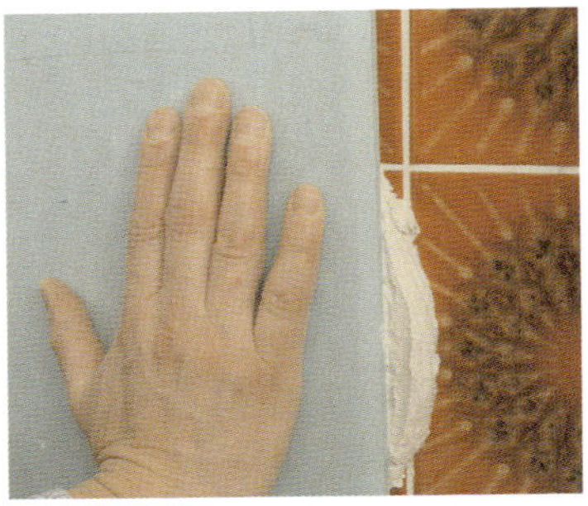

Den Binder batzenförmig auftragen; die Platte gegen die Wand drücken.

Prinzip dem Verstreichen von Dispersionsfarbe.
Der Handel bietet das Material in verschiedenen Kornstärken an. Je feiner das Korn ist, desto feiner fällt anschließend auch das Putzbild aus. Grobes Korn ist besonders dann zu empfehlen, wenn Sie eine lebendige, rustikal wirkende Oberfläche erzeugen möchten.
Vor dem Auftrag sollten Sie den Untergrund auf jeden Fall grundieren – besonders geeignet ist so genannter Putzgrund.
Fertigputz bildet nach dem Austrocknen eine weiße Fläche aus. Durch den Zusatz von speziellen Putzfarben kann man allerdings auch farbige Oberflächen erzeugen.
Interessante Bilder ergeben sich, wenn sie feinen Putz mit einem breiten Pinsel kreuzförmig verstreichen. Groben Putz können Sie ganz individuell mit verschiedenen Werkzeugen gestalten.
Der Handel bietet dazu spezielle Strukturrollen an, die unterschiedliche Putzbilder erzeugen.

Dort, wo Rissgefahr besteht, ziehen Sie Armierungsgewebe ein.

Wände mit Gipskarton verkleiden

Gipskarton ist ein idealer Untergrund für die Gestaltung von Wänden. Ganz gleich, ob Sie das Bad fliesen oder verputzen, streichen oder tapezieren möchten – mit Gipskarton stellen Sie einfach und schnell eine saubere, ebene Grundfläche her.
Dabei sollten Sie nur zu den grünen Feuchtraumplatten greifen, die durch ihre Imprägnierung Feuchtigkeit abweisen. Standardplatten sind im Badezimmer nicht zu empfehlen.
Den Gipskarton bietet der Handel in drei Grundgrößen an: 125 x 90, 200 x 60 und 260 x 60 cm. Darüber hinaus gibt es weitere Spezialgrößen. Das für Sie geeignete Maß hängt von der jeweiligen Raumgröße ab.
Zum Befestigen bieten sich zwei Alternativen an: Verschrauben und Verkleben. Das Verkleben geht besonders schnell. Voraussetzung ist lediglich ein relativ ebener Untergrund, der grundiert werden muss. Bei der Renovierung eines Badezimmers ist es so sehr einfach, Gipskartonplatten direkt auf verflieste Wände zu kleben. Der dafür benötigte Ansetzbinder wird punktförmig ca. alle 40 bis 50 cm in Batzen auf die Gipskartonrückseite aufgetragen. Dann wird die Platte gegen die Wand gedrückt und mit Wasserwaage, Richtlatte und Gummihammer ausgerichtet. Zu Decke, Boden und anderen Wänden belassen Sie einen 5 bis 10 mm breiten Spalt, damit der Binder gut austrocknen kann.
Alternativ zum Verkleben können Sie auch eine Konterlattung einziehen (Maße siehe links) und dann den Gipskarton auf den Latten verschrauben. Die Ansätze zwischen den Platten spachteln Sie anschließend mit Spachtelmasse glatt zu. An rissgefährdeten Stellen wie z. B. beim Übergang zu anderen Materialien sollten Sie beim Spachteln so genanntes Armierungsgewebe einziehen, das als Rollenware angeboten wird.

Das Badezimmer gewinnt, wenn man die glatten Fliesenflächen oder -bordüren mit der rauen Oberfläche von geputzten Flächen kombiniert.

Feinen Streichputz können Sie ganz einfach mit der Rolle auftragen. Die Arbeitsschritte gleichen denen beim Streichen mit Dispersionsfarbe.

Grobkörnigen Putz ziehen Sie mit der Glättkelle ab.

Die richtigen Möbel fürs Bad

Qualität ist entscheidend

Ob für Pinsel oder Puder, Kamm oder Bürste, Rasierschaum oder Zahnpasta – kein Badezimmer kommt ohne Schrank oder Ablageflächen aus.
Wer sein Badezimmer neu möblieren möchte, muss zumeist tief in die Tasche greifen: Vor allem die Möbel fürs Bad vom Markenhersteller stehen denen für Wohnzimmer oder Küche im Preis kaum nach. Von entscheidender Bedeutung ist nicht allein das Design, sondern vor allem die Qualität der verwendeten Materialien: So werden z. B. Spiegelschränke nicht nur aus kunststoffbeschichteten Pressspanplatten, sondern z. B. auch aus Aluminium angeboten. Empfehlenswert sind vor allem Materialien, die absolut feuchtigkeitsresistent sind. Bei Badmöbeln von minderer Qualität können nämlich Spritzwasser und hohe Luftfeuchtigkeit schnell die Materialien zersetzen. Besonders gefährdet sind vor allem Pressspanmöbel mit unsauber gearbeiteten Kanten: Hier kann die Feuchtigkeit leicht eindringen. Die Platten quellen auf und das ganze Möbelstück verzieht sich.
So ästhetisch Badmöbel in den Prospekten der Hersteller auch wirken mögen: Sie sind in erster Linie funktional gestaltet und tragen nur selten zu einer wohligen Atmosphäre im Bad bei. Wer es gerne gemütlich und romantisch mag, ist besser beraten, wenn er Möbelstücke wie eine Kommode oder einen alten Waschtisch ins Bad stellt. Dies ist vor allem in größeren Bädern, in denen sich die Luftfeuchtigkeit in Grenzen hält, problemlos möglich. Bei kleineren Bädern sollte man darauf achten, dass z. B. beim oder nach dem Duschen gut gelüftet wird, damit die Feuchtigkeit gut abtrocknen kann.

Zeitgerechte Badmöbel zeichnen sich durch hohe Materialqualität, gute Verarbeitung und ein ansprechendes Design aus.

Selbstbau spart Geld

Mit dem Selbstbau lässt sich auf Grund der relativ hohen Preise für industriell gefertigte Schränke und Regale sehr viel Geld sparen. Beim Zusammenbau kommt es besonders darauf an, Kanten gut zu verschließen und fachgerecht abzudichten. Nur so bleiben die Möbel auch auf lange Sicht optisch attraktiv und funktionstüchtig.
Besonders gefährdet ist der Sockelbereich von Möbeln, die auf den Boden gestellt werden. Damit keine Feuchtigkeit von unten in das Material eindringen kann, empfiehlt es sich, die Möbelstücke auf höhenverstellbare Kunststoffsockel zu stellen, wie sie beispielsweise auch in Küchen zum Einsatz kommen. Diese werden dann mit einer passend zugeschnittenen Sockelleiste optisch abgeschlossen. Möbel, die normalerweise aufgestellt werden, kann man alternativ auch hängen. Schon wenige Zentimeter Abstand vom Boden reichen aus, um sie gegen aufsteigende Feuchtigkeit zu schützen.

Schrank aufhängen

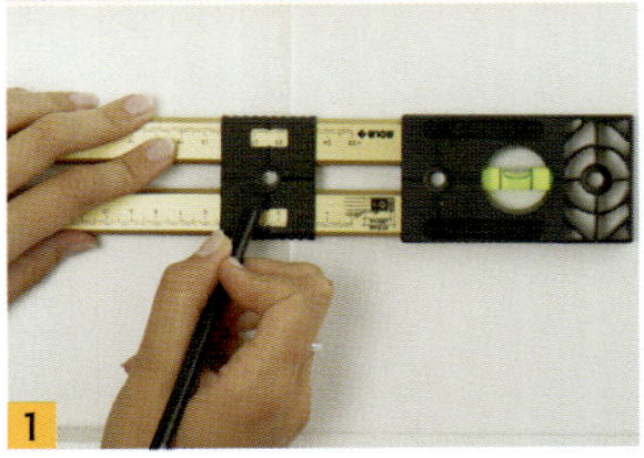

1

Damit der Schrank gerade hängt, müssen die Bohrpositionen mit der Wasserwaage ermittelt werden.

2

Die Schränke werden an Haken aufgehängt, die 1 cm aus der Wand herausragen sollten.

3

Nach dem Einhängen wird der Schrank an den Innenhalterungen mit dem Schraubendreher fixiert.

4

Die Halterungen ermöglichen durch Einstellschrauben, den Schrank noch einmal etwas nachzurichten.

Spiegelschrank montieren

Spiegelschränke vereinen viele Vorteile: Sie bieten nicht nur Spiegelfläche, sondern vor allem praktischen und leicht zu erreichenden wertvollen Stauraum. Zudem finden in ihnen Steckdosen und Lichtschalter intelligent Platz. Dementsprechend zählen Spiegelschränke seit Jahrzehnten in vielen Badezimmern zur Standardmöblierung.

Die Zeiten, als die praktischen Möbel den Charme von billigem weißen Kunststoff versprühten, sind allerdings längst vorbei: Der gute alte „Alibert" hat heute viele attraktive Nachfolger, die sich vor allem in Bezug auf ihr Design sehen lassen können: Ob in dezenten Pastelltönen oder poppig bunt, ob zwei- oder mehrtürig, ob in Holz oder satiniertem Glas: Für jeden Geschmack und Stil gibt es zahlreiche Varianten.

Die einst obligatorischen Neonröhren ersetzen heute filigrane Halogenstrahler, die zum Teil ganz individuell ausgerichtet werden können. Die Steckdosenleisten zum Anschluss von Fön oder Rasierer sind elegant in den Schrank integriert.

Manche Schränke sind schon weitgehend vormontiert. Wichtig ist vor allem, dass sie gerade aufgehängt werden. Beim Anzeichnen der Bohrpositionen sollten Sie deshalb eine Wasserwaage einsetzen. Kontrollieren Sie mit einem Detektor, ob sich an den geplanten Bohrpositionen keine spannungs- oder wasserführenden Leitungen in der Wand befinden.

Je nach Modell und Hersteller unterscheiden sich die Scharniere und Befestigungen der Spiegeltüren erheblich. Hier gilt es, die Montageanleitungen gründlich zu lesen.

Besondere Vorsicht ist vor allem dann geboten, wenn Steckdosenleisten und Leuchten, Transformatoren oder Schalter an einen dreiadrigen Spannungsauslass angelegt werden müssen. Beachten Sie dabei unbedingt alle wichtigen

Spiegelschränke vereinen mehrere Vorteile: Sie bieten Spiegelfläche, Stauraum, Licht und Steckdosen.

Sicherheitsregeln beim Umgang mit 230-V-Spannung, die im Kapitel „Licht- und Elektroinstallation im Bad" ab S. 58 ausführlich erläutert werden. Vor den Elektroarbeiten sollten Sie auf jeden Fall die entsprechende Sicherung abschalten und mit einem Spannungsprüfer sicherstellen, dass kein Strom mehr fließt.

Stromkabel verlängern

Bei vielen Spiegelschränken kann das Stromkabel nur an einer vorbestimmten Position in das Schrankinnere geführt werden. In der Regel befindet sich direkt über dem Waschtisch ein Wandauslass zum Anschluss einer Spiegelleuchte. Dieses Stromkabel muss in den meisten Fällen verlängert werden, damit Steckdose und Schalter im Schrankinneren angeschlossen werden können. Als Verlängerung sollten Sie ein dreiadriges Kabel einsetzen und nicht nur Phase und Leiter weiterführen, sondern auch den gelbgrünen Schutzleiter.

Bei diesem Schrank werden oben Halogenstrahler aufgesetzt. Nach dem Aufhängen verlegen Sie zunächst die Kabelzuführung.

Dann schrauben Sie die Leuchten am Schrank fest.

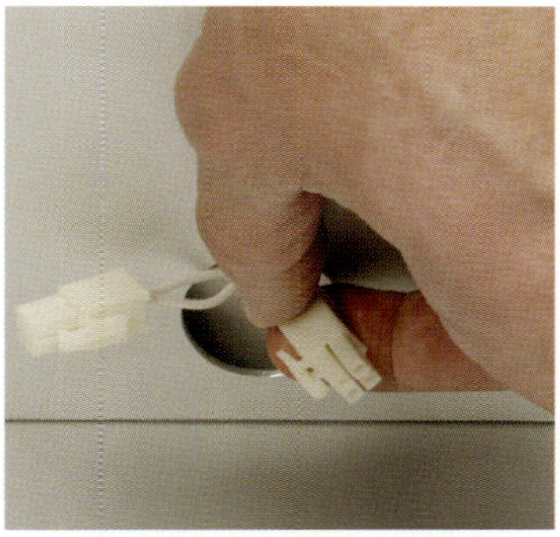

Im Schrank werden die Leuchtenkabel zusammengeführt.

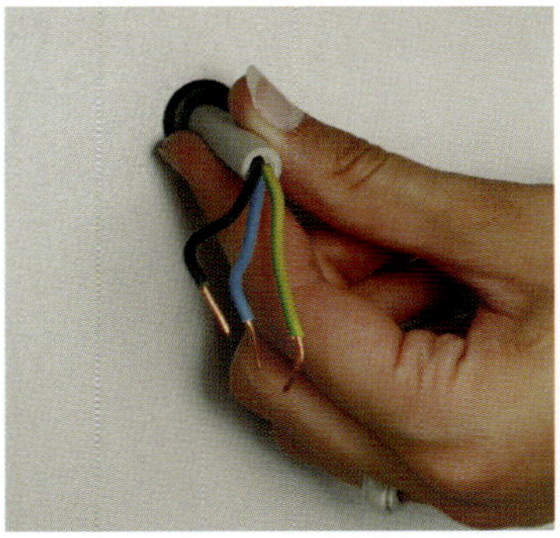

Das Stromkabel wird durch das dafür vorgesehene Loch gezogen.

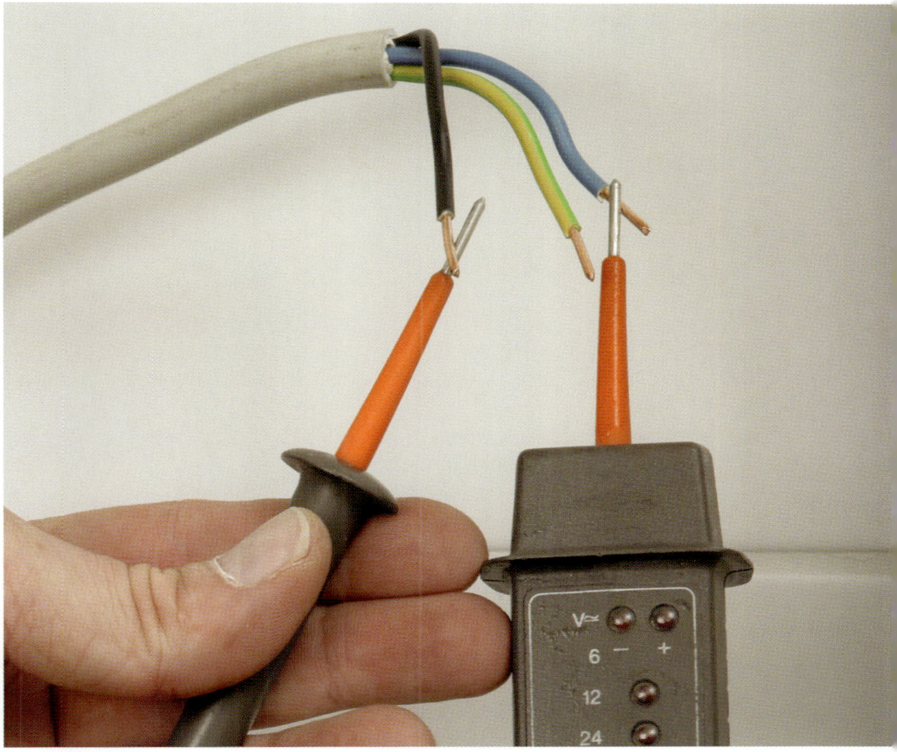

Vor dem Berühren der Adern müssen Sie auf jeden Fall mit einem Spannungsprüfer sicherstellen, dass kein Strom fließt.

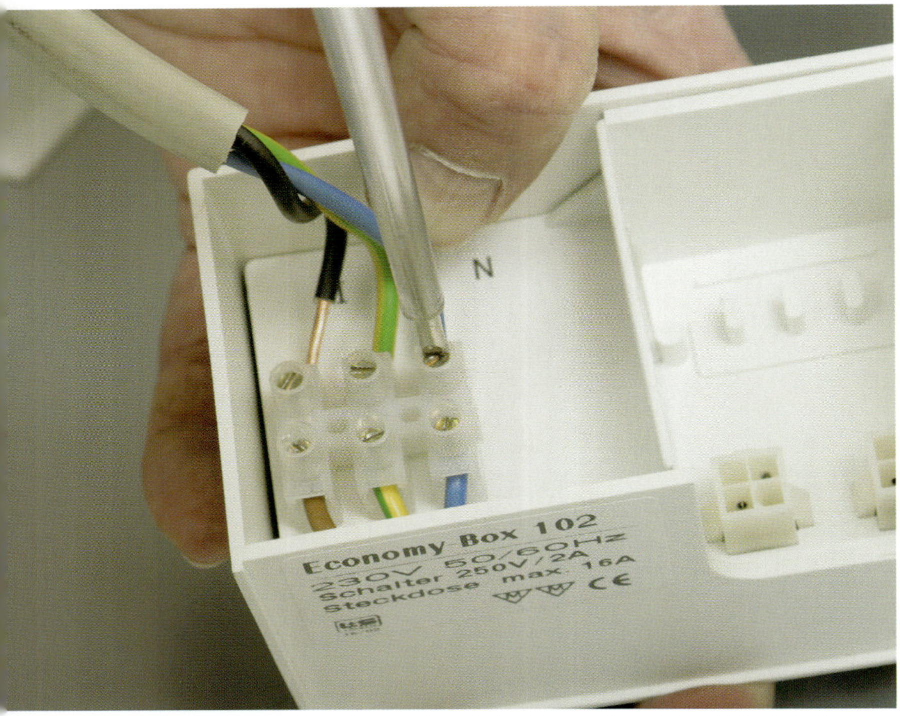

Beim Anlegen der Adern in der Schalterleiste müssen Sie auf die Kabelfarben achten. Prüfen Sie, ob die Kabel sicher und fest sitzen.

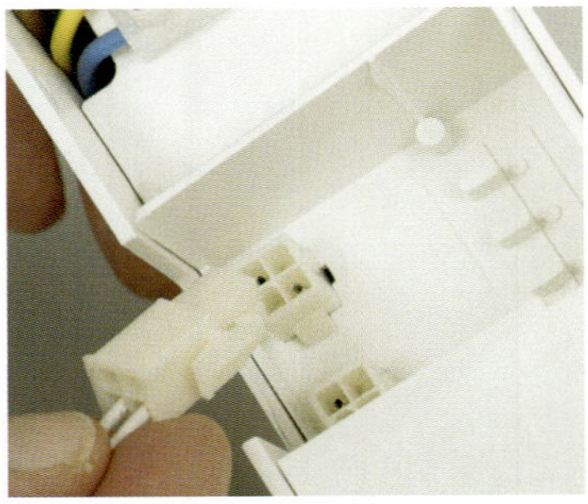

Die Leuchten werden mit kleinen Steckern angeschlossen.

Nach der Elektroinstallation wird der Schalter im Schrank befestigt.

Sicherheitsregeln beim Umgang mit 230-V-Spannung, die im Kapitel „Licht und Elektroinstallation im Bad" ab S. 58 ausführlich erläutert werden. Vor den Elektroarbeiten sollten Sie auf jeden Fall die entsprechende Sicherung abschalten und mit einem Spannungsprüfer sicherstellen, dass kein Strom mehr fließt.

Stromkabel verlängern

Bei vielen Spiegelschränken kann das Stromkabel nur an einer vorbestimmten Position in das Schrankinnere geführt werden. In der Regel befindet sich direkt über dem Waschtisch ein Wandauslass zum Anschluss einer Spiegelleuchte. Dieses Stromkabel muss in den meisten Fällen verlängert werden, damit Steckdose und Schalter im Schrankinneren angeschlossen werden können. Als Verlängerung sollten Sie unbedingt ein dreiadriges Kabel einsetzen und nicht nur Phase und Leiter weiterführen, sondern auch den gelbgrünen Schutzleiter.

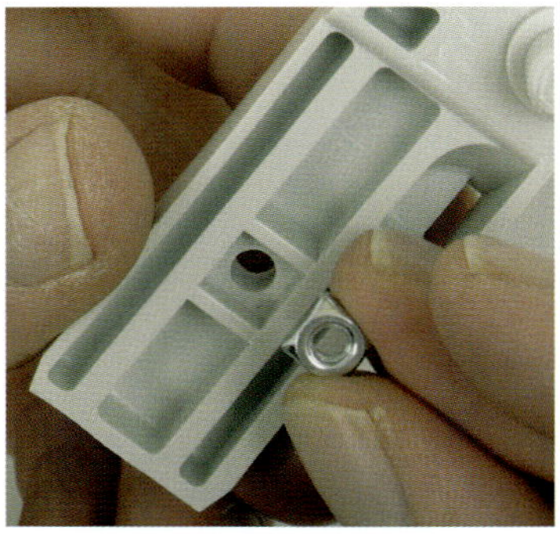

Die Türhalterungen müssen bei einigen Schränken vormontiert werden.

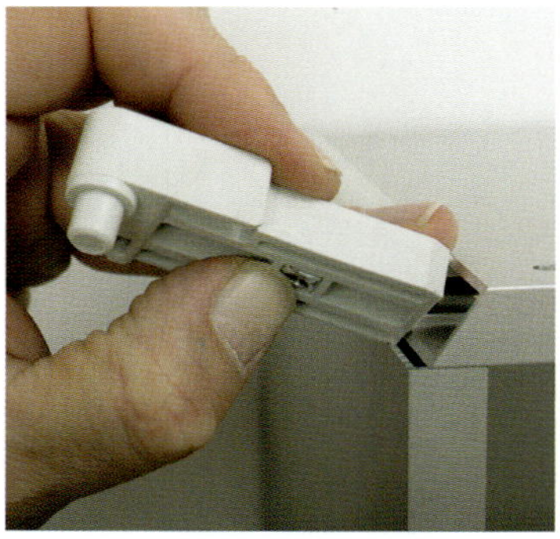

Hier wird die Halterung oben in den Schrank gesetzt ...

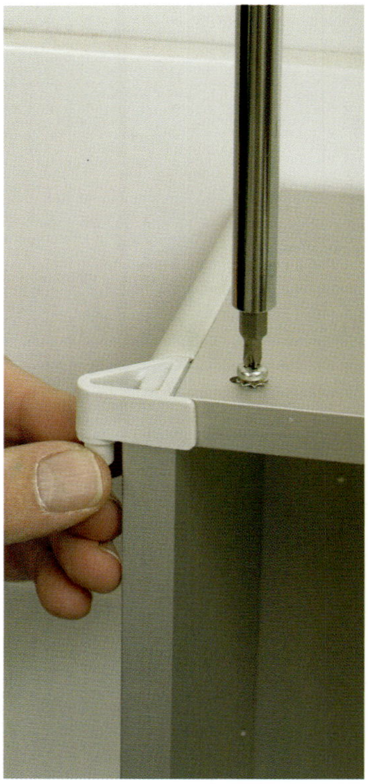

... und dort dann mit einer Schraube gesichert.

Nach der Vormontage der Halterungen können die Spiegeltüren oben eingeführt werden.

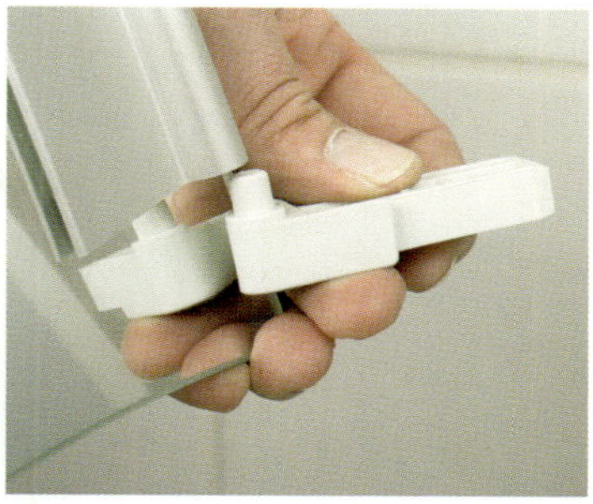

Unten wird ein Gegenstück an der Tür eingesetzt und ...

... dies dann im Schrank eingesteckt. Anschließend wird es verschraubt.

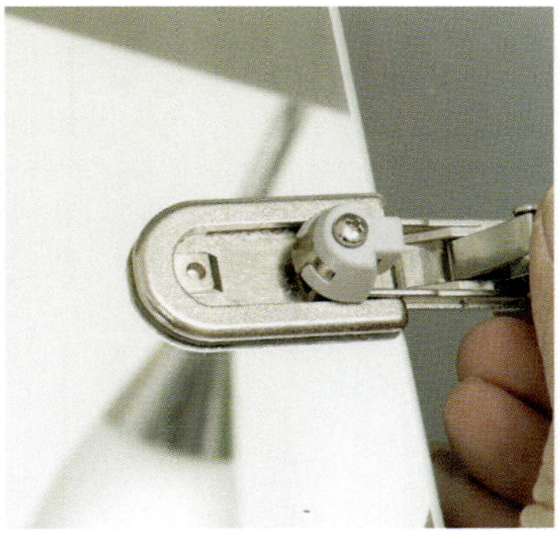

Bei einigen Schränken müssen Sie zunächst die Scharniere montieren.

Dazu schrauben Sie das Scharnier an der Tür fest.

Dann setzen Sie die Tür ein und ziehen die Halteschraube fest an.

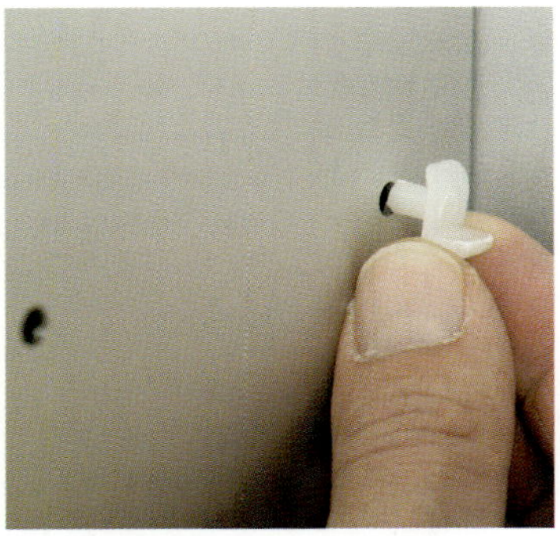

Abschließend setzen Sie die Regalträger ein ...

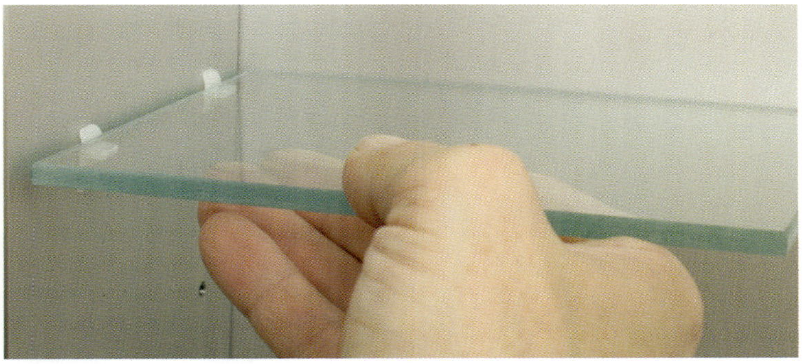

... und legen dann die mitgelieferten Böden ein. Bei den meisten hochwertigen Schränken bestehen diese aus Glas.

Selbst gebaute Badmöbel sind nicht nur preiswerter als industriell gefertigte Produkte: Sie lassen sich auch perfekt auf den Raum und den Stil des Badezimmers abstimmen. Außerdem können Sie den vorhandenen Platz besser ausnutzen – ein großer Vorteil vor allem in kleinen Bädern.

Beim Einpassen von Möbeln kommt es auf ein exaktes Aufmaß an.

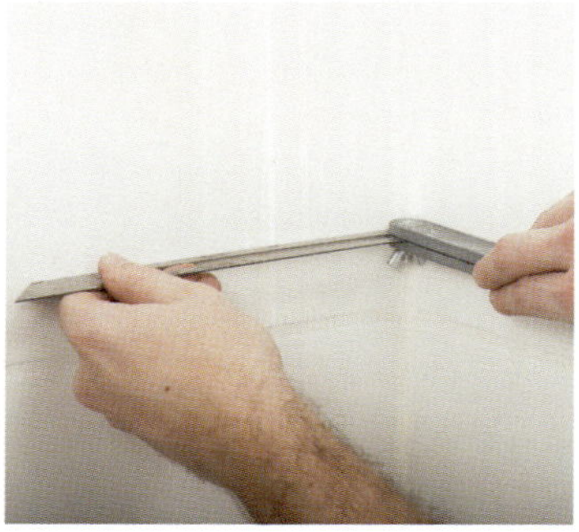

Den Winkel in einer Nische überträgt man mit Hilfe einer Schmiege.

Möbel fürs Badezimmer im Eigenbau

Je kleiner ein Badezimmer ist, desto wichtiger wird es, den vorhandenen Platz optimal auszunutzen. Am besten gelingt dies mit eigens angefertigten Badmöbeln, die exakt auf die Raummaße abgestimmt sind.
So empfiehlt es sich z. B. in eine kleine Nische genau passende Regalbretter einzuziehen, oder Schränke zu bauen, die in Höhe und Breite den vorhandenen Raum perfekt ausnutzen.
Badmöbel selbst zu bauen hat gleich mehrere Vorteile:

- Die Möbel sind preiswerter als vom Händler.
- Der Raum wird perfekt ausgenutzt.
- Die Möbel können besonders gut auf die Gesamtgestaltung des Badezimmers abgestimmt werden.
- Es entstehen Lösungen, die individuell sind und dem Bad mehr Persönlichkeit verleihen.

Nur in wenigen Fällen ist es allerdings sinnvoll, die Möbel komplett selbst zu bauen. Oftmals spart es Zeit und Kosten, wenn man andere Möbel „zweckentfremdet" oder an die Einbausituation im Badezimmer anpasst.
Besonders geeignet sind hierfür Küchenmöbel, allen voran die Hängeschränke von Einbauküchen. Diese sind in vielen verschiedenen Breiten erhältlich – bei nahezu allen Küchenprogrammen sind 30, 40, 50, 60 und 90 cm Breite Standard. Oft gibt es darüber hinaus weitere Größen. Auch in der Höhe und Tiefe kann man bei diesen Schränken zwischen verschiedenen Maßen wählen. Zudem bietet der Handel sie in unterschiedlichen Ausstattungen an wie z. B. mit Schubladenelementen.
Schließlich ist die Design- und Farbauswahl sehr groß – es gibt kaum einen Einrichtungsstil im Badezimmer, zu dem man nicht auch passende Küchenmöbel finden könnte.

Für Verbindungen mit Holzdübeln muss genau gemessen und angezeichnet werden.

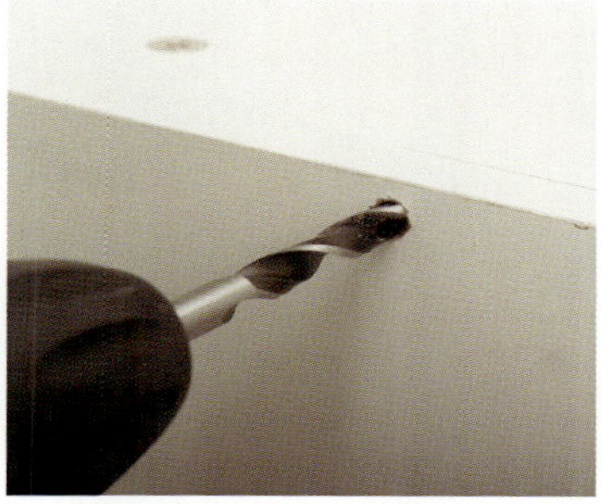

Beim Bohren kommt es darauf an, die Bohrmaschine gerade zu halten und nicht zu tief zu bohren.

Exaktes Bohren ist der Schlüssel zum Erfolg – nur wenn die Löcher genau übereinstimmen, passt der Dübel.

Die Holzdübel sollten in beiden Werkstücken jeweils bis zur Hälfte versenkt werden.

Badmöbel lassen sich am besten mit Aufhängungen für Küchenschränke an der Wand befestigen.

Der Platz im Badezimmer lässt sich optimal ausnutzen, wenn man verschieden breite Küchenschränke miteinander kombiniert. Um sie passgenau in Nischen einsetzen zu können, muss man sie allerdings oftmals in der Tiefe oder auch in der Breite zusägen. Die Möbel in der Tiefe zu kürzen, ist besonders einfach: Die Korpuswände werden zur Rückwand hin mit geraden Schnitten gekürzt. Die Rückwand besteht meist aus dünnem, beschichteten Pressspan- oder Hartfaserplatten, die lediglich aufgenagelt werden. Durch das Kürzen entstehen also keine konstruktiven Probleme; Sie müssen weder neue Beschläge noch zusätzliche Dübel einsetzen, um die Bauteile des Schranks miteinander zu verbinden.
Saubere Schnitte entstehen vor allem mit einer Tischkreissäge. Wer mit Kreis- oder Stichsäge arbeitet, sollte diese immer entlang eines Anschlags führen. Geeignet ist z. B. ein Aluminium-L-Profil, das mit Zwingen am Werkstück befestigt wird.
Bedenken Sie, wie herum Sie die Korpuswände zusägen: Glatte Schnittkanten entstehen immer nur auf einer Seite; vor allem bei

Tipp Richtig sägen

Holzdübel, die abgebrochen, falsch eingesetzt oder zu tief versunken sind, lassen sich leichter wieder entfernen, wenn man sie zunächst mit einem kleinen Holzbohrer anbohrt und dann eine Holzschraube eindreht. An der Holzschraube kann man dann den Dübel herausziehen.

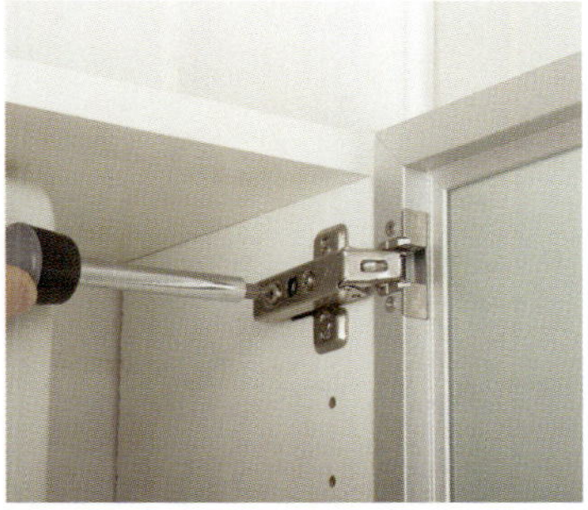

Nachdem der Schrank aufgehängt wurde, werden die Türen eingehängt und befestigt.

Abschließend montieren Sie noch die Bodenträger für die Regalbretter und legen diese dann ein.

Beckenrundung aussparen

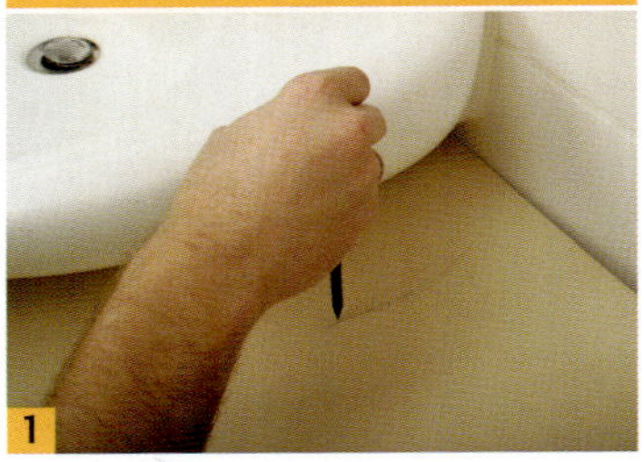

Um eine Ablage entlang eines Beckens zu erstellen, wird die Form zunächst auf Pappe übertragen.

Dann wird die Pappe ausgeschnitten und die Form am Becken überprüft. Eventuell Korrekturen vornehmen.

Dann die Pappe auf die Ablage legen und die Linienführung übertragen.

Abschließend die Form mit einer Stichsäge entsprechend der Linienführung aussägen.

Passend zugeschnittene Ablagen direkt neben einem wandgehängten Waschbecken ermöglichen einen ähnlichen Komfort wie Waschtische.

beschichteten Platten franst eine Schnittkante aus.
Setzen Sie also deshalb die Säge immer auf der Seite der Holzplatte an, die später nicht sichtbar sein wird – wie z. B. die Innenseite eines Schranks.
Denken Sie beim Zuschnitt immer an Ihre Sicherheit und beachten Sie die Warnungen und Sicherheitsvorschriften der Werkzeughersteller.
Etwas schwieriger wird es, wenn ein Schrank in der Breite gekürzt werden muss. Nach dem Zusägen von Korpusdecke und -boden muss dann nämlich eine neue Befestigung für die Seitenwand geschaffen werden. Am besten setzt man hierzu Holzdübel ein. Wichtig ist dabei exaktes Messen und Arbeiten.

Waschtischablage

Besonders praktisch sind Ablageflächen direkt neben dem Waschbecken. Hier liegt der große Vorteil von Waschtischen, in die ein Becken eingelassen wird.

Eine solche Lösung können Sie auch selbst bauen: Vor der Wand befestigen Sie eine ausreichend tiefe und mindestens 3 cm starke Platte; geeignet sind vor allem Küchenarbeitsplatten. Die Platte hängen Sie entweder mit stabilen Trägern an der Wand auf oder montieren sie auf Schränken oder Beinen.
In die Platte sägen Sie mit Hilfe der zum Becken gehörenden Schablone einen Ausschnitt. Hier hinein wird das Waschbecken versenkt. Wichtig ist, dass das Becken anschließend von oben ringsum abgedichtet wird (siehe auch rechts) – ansonsten entstehen sehr schnell Feuchteschäden an der Platte.
In einem bestehenden Bad mit einem wandgehängten Waschbecken lässt sich eine solche Ablage schaffen, ohne dass das Becken getauscht werden muss. Sie setzen dazu zwei Platten ein, die zum einen links und zum anderen rechts die Form des Waschbeckens aufnehmen.

Nach dem Antrocknen des Dichtmittels zieht man die Kreppbänder ab. So entsteht eine sauber abgedichtete und optisch attraktive Fuge.

Fugen abdichten

Bei allen Anschlüssen zwischen Wand, Sanitärobjekten oder Ablagen sollten die Fugen mit Silikon oder Acryl abgedichtet werden, damit keine Feuchtigkeitsprobleme entstehen.

Tipp Wasser mit Spülmittel

Silikon oder Acrylfugen zieht man am besten mit dem Finger glatt. Damit das Dichtmaterial nicht an den Fingern kleben bleibt, taucht man diese zuvor in mit reichlich Spülmittel versetztes Wasser.

Silikon ist bei glatten Oberflächen wie z. B. bei Fliesen oder keramischen Objekten das richtige Dichtmittel. Es ist in verschiedenen Farben erhältlich, besitzt eine sehr hohe Dehnfähigkeit und lässt sich gut verarbeiten. Nachteilig ist, dass sich Silikon nicht überstreichen lässt.
Das ist bei Acryl anders: Mit diesem Dichtmittel ausgespritze Fugen lassen sich gut farbig gestalten. Dafür ist die Elastizität des Materials nicht ganz so hoch wie bei Silikon. Acryl empfiehlt sich vor allem zum Abdichten von offenporigem Material wie z. B. Holz.
Beide Dichtmittel werden heute in erster Linie aus Kartuschen aufgespritzt.
Dazu benötigt man eine entsprechende Presse. Je leichtgängier und präziser sich diese handhaben lässt, desto leichter fällt das Verfugen. Für kleine Fugen empfehlen sich auch teurere Kartuschen, die ohne Presse funktionieren.

Fugen abdichten

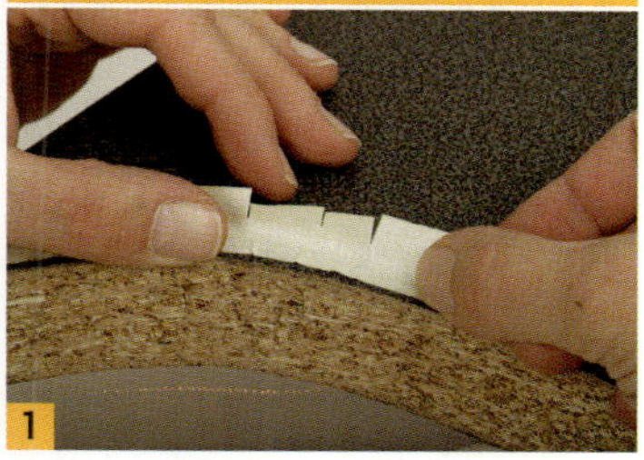

1

Die zu verfugenden Kanten kleben Sie mit Kreppband ab. Bei Rundungen schneiden Sie das Band ein.

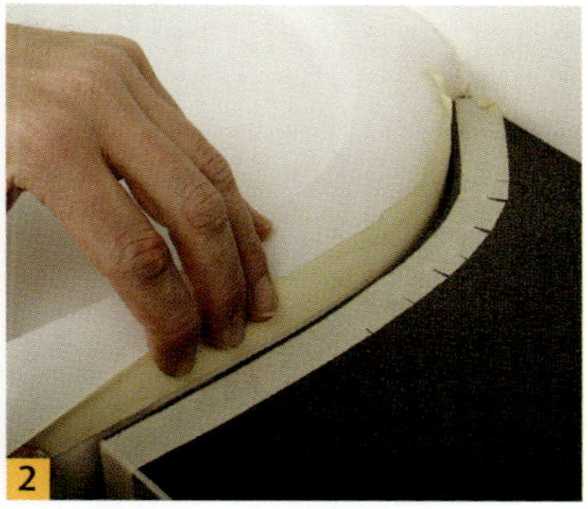

2

Abgeklebt wird auf beiden Seiten der Fuge – nur so entsteht hinterher ein sauberes Fugenbild.

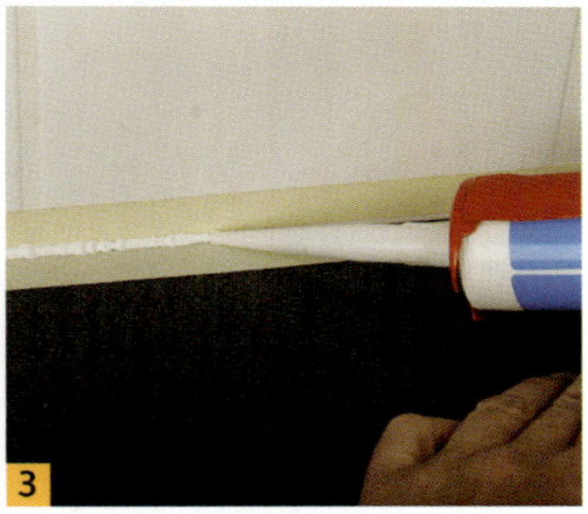

3

Die Fugen spritzen Sie unter gleichmäßigem Druck mit Acryl oder Silikon aus.

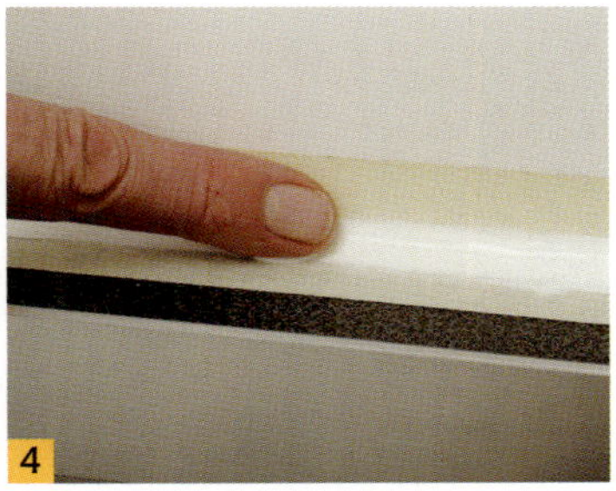

4

Dann streichen Sie die Fugen mit dem Finger glatt und entfernen so auch überschüssiges Material.

Accessoires auswählen und montieren

Accessoires an gefliesten Wänden anschrauben

Vom Zahnputzbecher über Seifenspender und Toilettenpapierhalter bis hin zur Handtuchstange: Die meisten Badaccessoires werden in der Wand verschraubt. Damit die Halteschrauben nicht sichtbar bleiben, schraubt man für die meisten Zubehörartikel zunächst eine Halteplatte an der Wand fest. An dieser Platte wird dann anschließend das eigentliche Accessoire befestigt.

Beim Anbringen der Montageplatten müssen Dübel in der Wand verankert werden – und dazu ist Bohren unvermeidbar.
Beim Einsatz einer Bohrmaschine im Badezimmer ist die Gefahr besonders groß, dass man Wasserrohre oder Stromkabel anbohrt und beschädigt.
Deshalb sollten Sie unbedingt vor jeder Bohrung mit einem Detektor sicherstellen, dass sich hinter der geplanten Bohrposition weder Strom- noch Wasserleitungen befinden.

Beim Bohren in Kacheln Schlag ausschalten und kleine Drehzahl wählen.

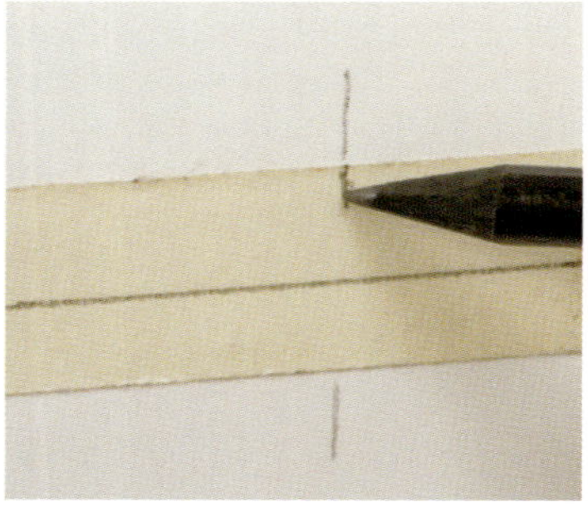

Auf die ermittelte Bohrposition wird ein Klebestreifen aufgeklebt.

Dieser verhindert, dass der Bohrer beim Anbohren verrutscht.

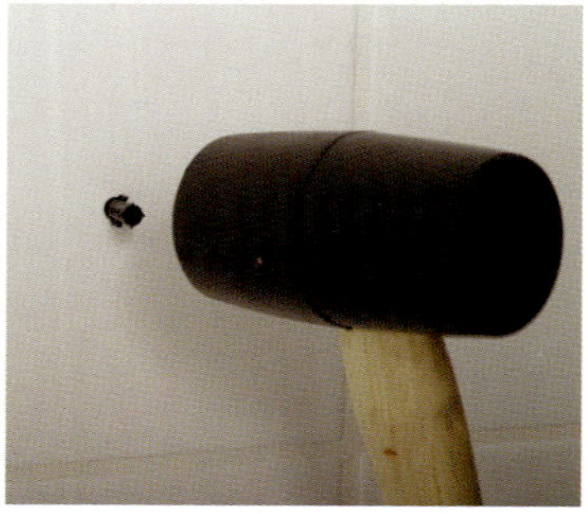

Zum Einschlagen von Dübeln benutzt man einen Gummihammer.

Beschädigungen der Fliesen beim Bohren vermeiden

Beim Bohren in verfliesten Wänden gilt es, besondere Vorsicht walten zu lassen, um Beschädigungen der Fliesen zu vermeiden. Im einzelnen sollten Sie auf folgende Punkte achten:

- Nach Möglichkeit nicht direkt in die Fliesen bohren, sondern in eine Fuge. Das mindert nicht nur die Gefahr, die Fliese beim Bohren zu beschädigen, sondern ermöglicht es auch, bei breiten Fugen das Bohrloch später wieder unsichtbar zu verschließen.
- Vor dem Bohren auf die Bohrposition ein Stück Abklebeband aufkleben und dann die Bohrposition übertragen. Das Klebeband verringert die Gefahr, beim Ansetzen des Bohrers auf den glatten Fliesen abzurutschen.
- Bei Schlagbohrmaschinen muss der Schlag abgeschaltet sein.
- Beim Anbohren wird die Geschwindigkeit am Einstellrad im Griff auf die geringste Stufe gestellt.
- Saubere Löcher entstehen nur, wenn beim Anbohren ganz langsam gebohrt wird. Die Bohrmaschine dabei immer möglichst gerade halten. Erst wenn die Fliese vollständig durchbohrt ist und man auf die dahinter liegende Wand stößt, kann schneller gebohrt werden. Eventuell können Sie jetzt auch auf Schlagbohren umschalten.

Zunächst zeichnen Sie die Befestigungsposition an der Wand an.

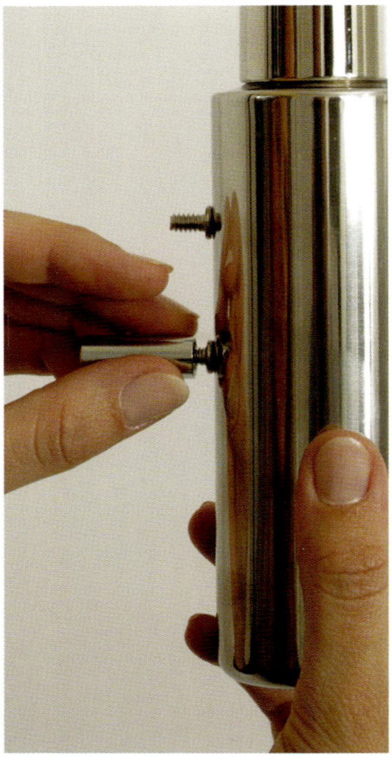

Dann montieren Sie die Befestigungen für den Halter ...

Die richtigen Dübel
Zum Lieferumfang der meisten Badaccessoires gehören alle benötigten Befestigungsteile inklusive der passenden Dübel. Diese Dübel sind allerdings nicht für alle Wände gleichermaßen geeignet. So gilt es besonders bei Accessoires, die höheren Lasten ausgesetzt sind – wie z. B. Handtuchhaltern – Dübel zu benutzen, die exakt für den jeweiligen Wandaufbau ausgelegt sind. Dies ist besonders bei Hohlraumaufbauten (z. B. Gipskartonwänden) erforderlich, weil hier einfache Standarddübel nicht ausreichend greifen. Schlimmstenfalls bricht das gesamte Accessoire unter Last aus der Wand heraus. Hier greift man am besten zu Universal- oder zu speziellen Hohlraumdübeln. Bei leichtem Badzubehör – wie beispielsweise Zahnputzbechern – können aber oft die mitgelieferten Dübel verwendet werden.

... und schrauben diesen am Accessoire fest.

Nach der Vormontage werden Accessoire und Halter in die zuvor in der Wand versenkten Dübel eingeschraubt.

Der alte Schlauch wird zunächst am Auslass abgeschraubt.

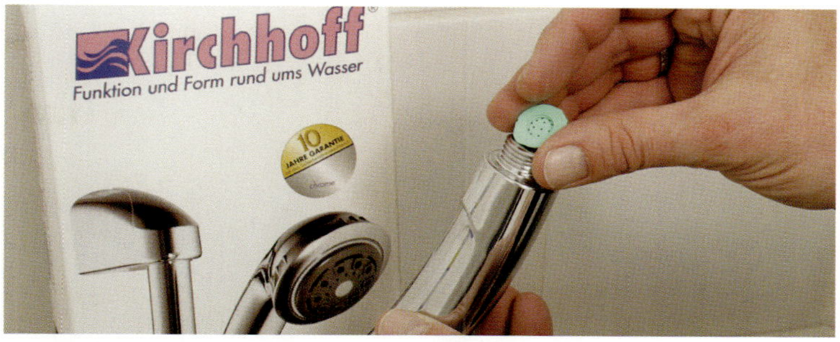

Ein Durchflussminderer hilft, die Wasserkosten zu senken. Das kleine Zwischenstück setzen Sie bei der Montage von Schlauch und Kopf ein.

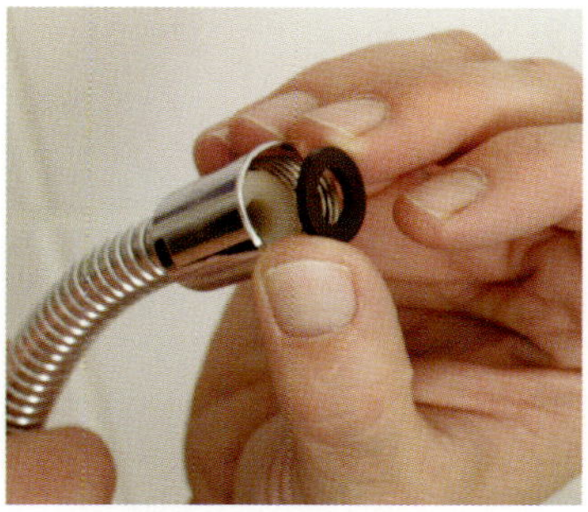

Bei der Montage dürfen die Dichtungen nicht vergessen werden.

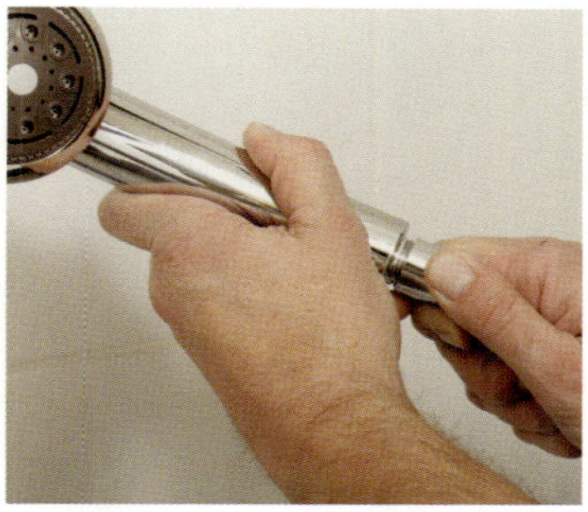

Alle Teile müssen lediglich miteinander verschraubt werden.

Selbst ein Anziehen mit Werkzeug ist nicht immer erforderlich.

Komfortdusche montieren

Oft sind es die kleinen Dinge, die das Leben angenehm und komfortabel gestalten. Das gilt auch für das Bad und hier ganz speziell für die Dusche, denn eine Komfortbrause mit verstellbarem Düsensystem verwöhnt auf Wunsch mit Massagestrahl oder Regenperlen.
Eine alte Standarddusche gegen eine solch universell einsetzbare Komfortbrause zu wechseln, ist denkbar einfach.
Bei den meisten Produkten zählt nicht nur der Kopf zum Lieferumfang, sondern vor allem auch der entsprechende Installationsschlauch und die benötigten Dichtungssätze. Empfehlenswerten Komfortduschen liegt darüber hinaus eine passende Halterung sowie ein Durchlaufminderer bei. Dieser wird beim Zusammenschrauben von Schlauch und Kopf zwischengesetzt und reduziert den Wasserdurchlauf erheblich, ohne das Duschvergnügen deutlich zu schmälern.

Neu am Markt sind Duschen mit so genannter Stopptaste, die sich direkt am Kopf befindet. Ein Knopfdruck genügt hier, um den Wasserzulauf z. B. zum Einseifen zu unterbrechen. Auf erneuten Knopfdruck läuft das Wasser in exakt der gleichen Temperatur und mit demselben Druck wie zuvor weiter. Eine Veränderung der Werte an der Armatur ist somit nicht mehr erforderlich.
Die einzelnen Elemente werden lediglich miteinander verschraubt – genormte Anschlüsse vereinfachen darüber hinaus die Montage.
Sie müssen nur den alten Schlauch am Armaturenauslass abschrauben und die neue Dusche anschließend dort anlegen. Bei der Montage sollten Sie darauf achten, dass alle Dichtungsringe fachgerecht eingesetzt werden. Hochglanzpolierte Verbindungen an Duschkopf oder Schlauch schützen Sie beim Zusammenschrauben, indem Sie diese zuvor mit schützendem Stoff umwickeln.

Polierte Teile schützen Sie bei der Montage durch Umwickeln.

Spiegel verkleben

1 Um den Spiegel während der Trockenphase des Klebers an der Wand zu halten, wird zunächst doppelseitiges Spezialklebeband aufgeklebt.

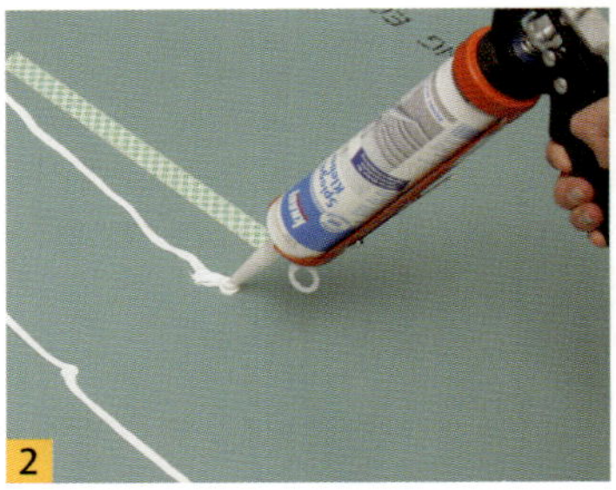

2 Der Spiegelkleber wird senkrecht aufgetragen, damit das Kondenswasser später nach unten abfließen kann.

3 Vor dem Verkleben die Folie des doppelseitigen Klebebands abziehen und den Spiegel an die Wand pressen.

4 Der Spiegel sollte ringsum Abstand haben, damit Kondenswasser abtrocknen kann. Keile erleichtern das Ausrichten vor allem größerer Spiegel.

Beim Verkleben von Spiegeln kommt es auf den Anpressdruck an. Die Spiegelfläche wird dann gleichmäßig und an mehreren Stellen gegen die Wand gedrückt.

Spiegel befestigen

Für die Befestigung von Spiegeln bieten sich vier Alternativen an:

- **Verkleben**
  Der Spiegel wird mit speziellem Spiegelklebeband und/oder Spiegelkleber auf der Wand fixiert.
- **Unsichtbare Halter** (Klickhalterung)
  Auf dem Spiegel und an der Wand bringt man Montageplatten an, die den Spiegel anschließend unsichtbar halten.
- **Klammern**
  Am unteren und oberen Spiegelrand werden Klammern in der Wand befestigt, von denen der Spiegel dann gehalten wird.
- **Aluschienen**
  Statt der Klammern befestigt man spezielle Schienen aus Aluminium, die zuvor auf die Spiegelbreite zugeschnitten wurden.

Fachgeschäfte und Glaser bieten Spiegel in den zwei Standardstärken 4 und 6 mm an.
Alle Spiegel, die gehängt werden, sollten 6 mm stark sein. Nur beim Verkleben von kleineren Spiegeln sind 4 mm ausreichend; ab 1 qm Größe empfiehlt es sich generell, zu 6-mm-Produkten zu greifen.
Klammern und Schienen haben den Nachteil, dass die Befestigung sichtbar bleibt. Wesentlich eleganter ist es, einen Spiegel zu verkleben oder nicht sichtbare Halter zu verwenden. Die hierfür benötigten Materialien sind nicht einmal allzu teuer.
Gegenüber dem Verkleben haben Klickhalterungen allerdings den Vorteil, dass man die Spiegel auch wieder von der Wand nehmen und z. B. mit ihnen umziehen kann.
Die gängigen Halterungen gibt es in drei Grundgrößen für Spiegel bis 0,8, 1,6 oder 2,6 qm Fläche. Bei größeren Spiegeln kann man auch mehrere Halter anbringen.
Die Halterung kann mit Exenter-

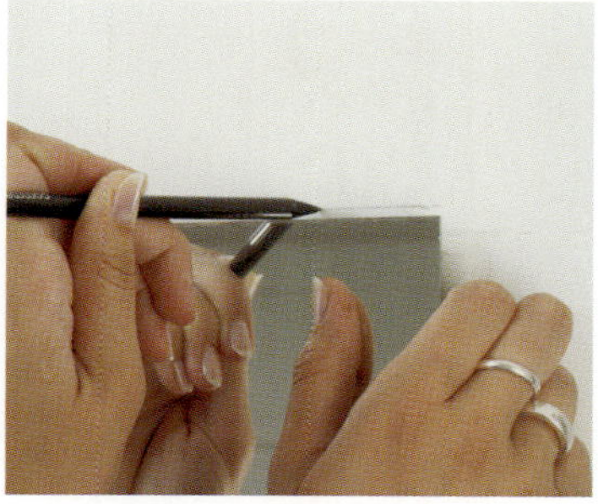

Bei der Montage mit Klickhalterungen legen Sie zunächst die genaue Position des Spiegels fest.

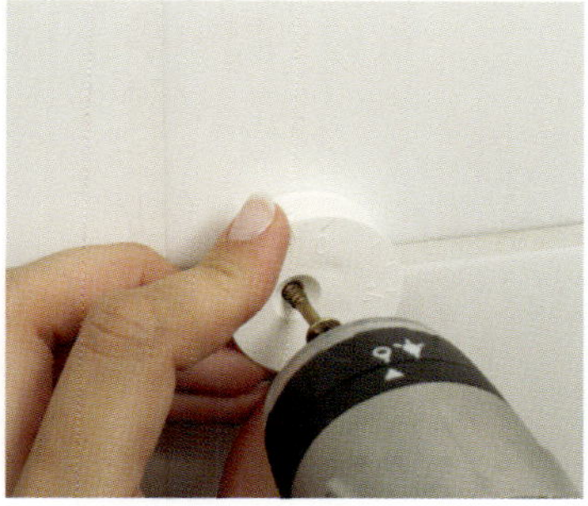

Die beiden Exenterscheiben werden mit geringem Abstand zu den Spiegelecken hin verschraubt.

scheiben oder Druckknöpfen erfolgen. Empfehlenswert ist die Montage mit Exenterscheiben, weil man hier den Spiegel nach der Montage eventuell noch etwas feinjustieren kann.
Wenn Sie sich beim Glaser einen Spiegel auf Maß zuschneiden lassen, sollten Sie freistehende Kanten immer schleifen lassen. Am besten überlassen Sie dies den Profis; man kann die Kanten aber auch selbst mit Schmirgelpapier (120–150 Körnung) schleifen. Es wird dabei nass geschliffen.
Bei allen Spiegeln sollten Sie gewährleisten, dass hinter ihnen die Luft zirkulieren kann. Ansonsten sammelt sich vor allem im Bad schnell Feuchtigkeit auf der Rückseite, die mit der Zeit den dort aufgetragenen Schutzlack zersetzt; die Spiegel werden dann blind.
Nach Möglichkeit sollte mindestens an drei Seiten Luft ein- und austreten können.

Dann werden die Halterungen auf die Exenterscheiben von links oder von rechts aufgeschoben. Der Spiegel wird auf die Halterungen geklebt. Dazu befinden sich vorn auf dem Halter doppelseitige Klebebänder. Diese ...

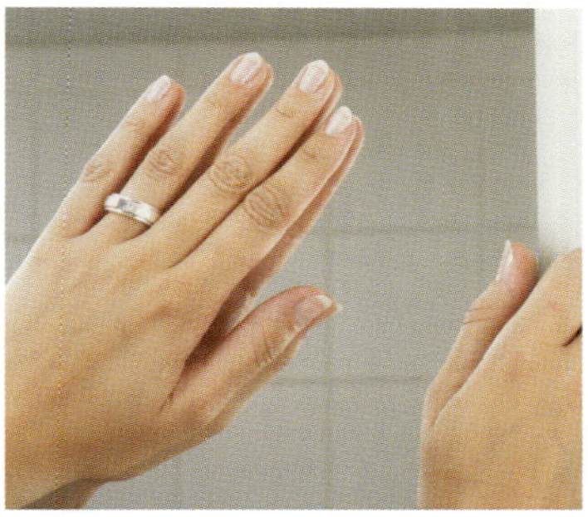

... abziehen und den Spiegel gegen die aufgehängten Halterungen pressen.

Sollte der Spiegel nicht gerade sitzen, Glas entfernen und Exenterscheibe leicht verdrehen.

Der Spiegel kann jederzeit durch Schieben nach links oder rechts von der Wand genommen werden.

Duschabtrennungen aus Glas wirken wesentlich hochwertiger als solche aus Kunststoff, sind allerdings auch teurer. Abtrennungen für Badewannen sind universell einsetzbar und können leicht in Eigenleistung montiert werden.

Abtrennungen für Dusche oder Badewanne

Duschvorhänge und -trennwände sichern das Badezimmer effektiv gegen Überschwemmungen beim Duschen. Die einfachste Art, das Badezimmer trocken zu halten, ist einen Duschvorhang zu montieren. Er lässt sich kinderleicht aufhängen. Im Handel gibt es für jede Breite passende Stangen, die einfach nur oben zwischen die Wände geklemmt werden.

Wesentlich eleganter wirkt allerdings eine Trennwand, die sich zudem leichter pflegen lässt als ein Vorhang. Hier gilt es zwischen Trennwänden für Duschen und solchen für Badewannen zu unterscheiden.

Diejenigen für Duschen sind in der Regel relativ kompliziert zu befestigen. Die Art und Weise der Montage hängt dabei von der Positionierung (z. B. an ein oder zwei Wänden) und der Form der Dusche (z. B. halbrund) ab.

Dusche und Trennwand sollten exakt zueinander passen. Beim Kauf sollte man die Einbauposition exakt beschreiben können und Abmaße der Dusche genau kennen – das betrifft nicht nur die exakten Längenmaße der Duschwanne, sondern auch deren Höhe. Viel leichter als eine Duschabtrennung lässt sich hingegen eine Trennwand für den Badewannenrand montieren, ein so genannter Badewannenaufsatz. Beim Kauf ist es wichtig zu wissen, ob sich

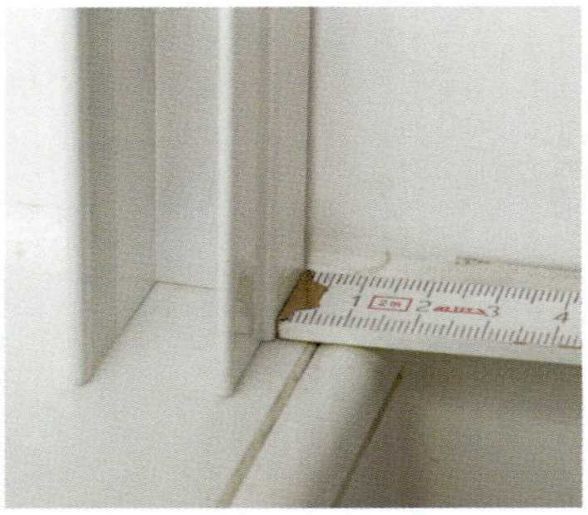

Zunächst wird der Träger an der Wand befestigt. Wichtig: der richtige Abstand zum Wannenrand.

Zum Anzeichnen der Bohrpositionen wird der Träger mit einer Wasserwaage exakt ausgerichtet.

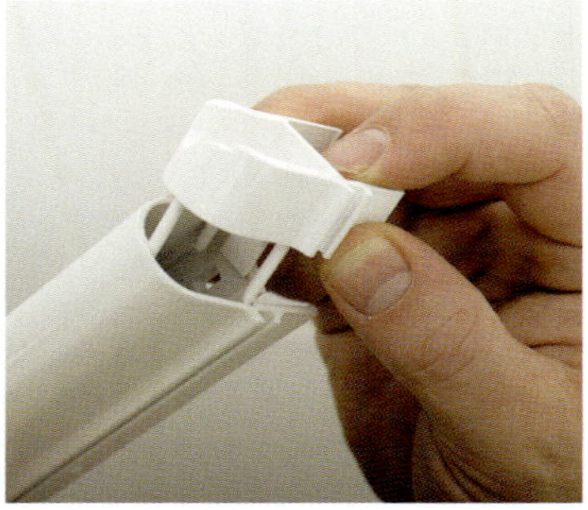

Den Träger schützt unten eine Abdeckkappe vor Feuchtigkeit, die einfach aufgesteckt wird.

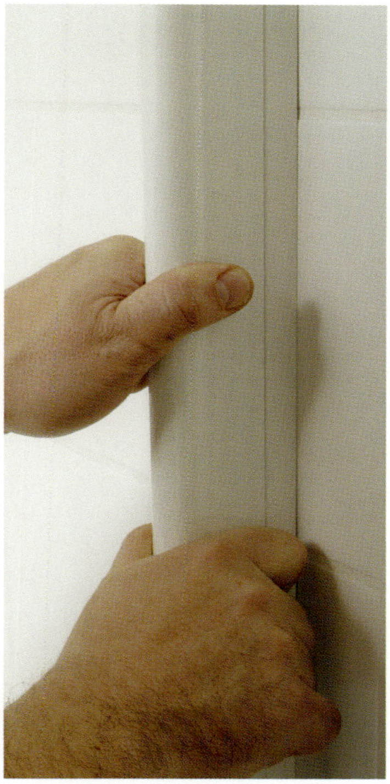

Nach dem Anschrauben des Trägers Trennwandhalterung aufstecken.

In der Halterung sind bereits die Scharniere für die Trennwand vormontiert. Diese muss – wie eine Zimmertür – nur noch eingehängt werden.

Das Scharnier wird mit einer speziellen Schelle gesichert.

Die Schelle einstecken und festschrauben.

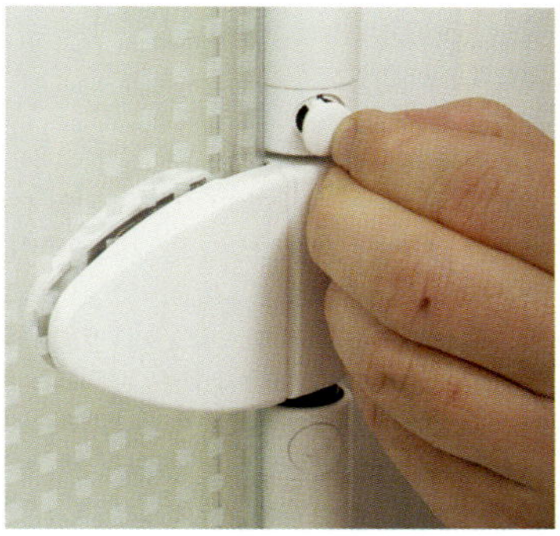

Alle Schraubverbindungen werden durch Abdeckkappen geschützt.

die Brause an der kurzen Seite, also vor Kopf, oder an der langen Seite der Badewanne befindet. Dementsprechend unterschiedlich sind die Aufhängungen und die Klappmechanismen der Trennwände. Beim Kauf einiger Modelle muss man zudem angeben, ob die Trennwand nach links oder rechts aufgeklappt werden soll – der Fachmann spricht von Links- oder Rechtsanschlag.
Grundsätzlich gilt: Je breiter die Abtrennung ist, desto effektiver schützt sie das Badezimmer vor Spritzwasser beim Duschen. Eine kurze Trennwand sieht zwar elegant aus, ihr Nutzwert ist allerdings begrenzt. Am besten greifen Sie zu einer mehrflügeligen Wand mit mindestens 1,50 m Breite. Besonders empfehlenswert sind Aufsätze, die sich zu einer Kabine formen lassen. Sie bieten den effektivsten Schutz gegen Überschwemmungen.
Die preiswerteren Wände bestehen aus Plexiglas. Das Material ist relativ leicht, was die Montage vereinfacht.
Die Alternative hierzu sind Abtrennungen aus Ganzglas.
Diese Produkte aus Sicherheitsglas sind wesentlich schwerer und teurer als die Kunststoffabtrennungen. Dafür sind sie aber auch hochwertiger und entsprechend langlebig.
Die Markenhersteller bieten speziell beschichtetes Glas an, an dem das Wasser kaum Flecken erzeugt.

Träger und Halterung werden verschraubt. Dazu beide durchbohren...

... und dann die mitgelieferten Schrauben eindrehen.

Badewannenaufsatz montieren

Das Montageprinzip bei den Duschabtrennungen für die Badewannen ist stets gleich: An der Wand wird eine Trägerschiene befestigt, in die dann die Halterung für die Trennwände oder die vormontierten Trennwände selbst eingesetzt werden. Für den Erfolg der Arbeit ist es entscheidend, dass der Träger gerade ausgerichtet wird – arbeiten mit der Wasserwaage ist unerlässlich.
Die weiteren Arbeitsschritte unterscheiden sich je nach Hersteller und Modell leicht voneinander. Bei vielen Abtrennungen müssen nach dem Befestigen der Aufhängungen oder Trennwände im Träger beide Teile durchbohrt werden, um sie miteinander verschrauben zu können. Bei Markenprodukten liegt ein entsprechender Stahlbohrer bei. Sollte dieser fehlen, führen Sie 3-mm-Bohrungen aus. Die benötigten Schrauben finden sich normalerweise im Lieferumfang.

Damit kein Wasser zwischen Träger, Halterung und Abtrennung hindurch spritzen kann, wird eine Dichtfolie aufgesteckt.

Eine Abdeckung verhindert, dass von oben Spritzwasser in Träger oder Halterung gelangen kann.

Die Scharniere für die weiten Falttüren sind bereits vormontiert – die Türen müssen nur ineinander gesteckt werden.

Die Scharniere werden mit einer Mutter gesichert.

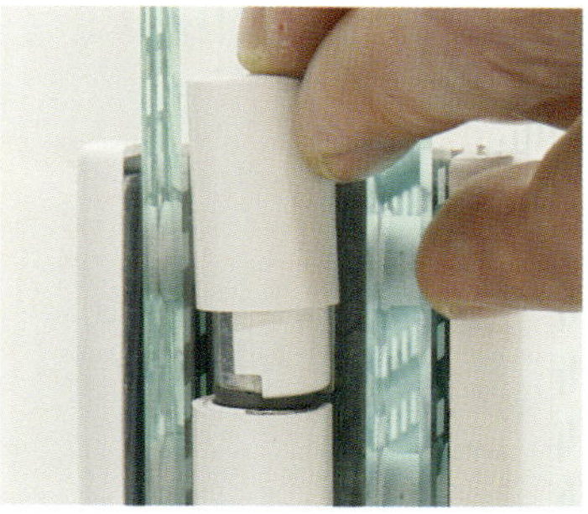

Eine Abdeckkappe verschließt die Verbindung und schützt sie.

Tipp Leiste verkleben

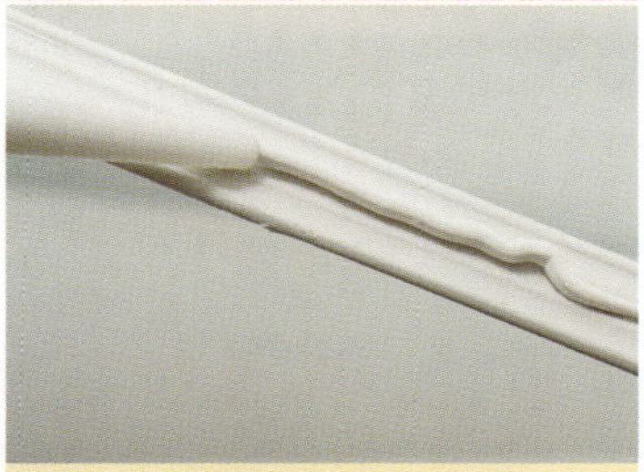

Dichtleisten auf dem Badewannenrand verkleben Sie mit Silikon.

Nach dem Auftragen des Silikons die Dichtleiste fest andrücken.

Spezielle Dichtungen verhindern, dass Wasser zwischen den Türelementen hindurchspritzen kann. Die Dichtungen werden einfach nur aufgesteckt.

Licht und Elektro-installation im Bad

Licht zum Sehen und Wohlfühlen

Der Lebens- und Nutzwert eines Badezimmers wird entscheidend von der Beleuchtung geprägt. Dabei gilt es zwei Beleuchtungsarten zu unterscheiden:

- **funktionales Licht**
  Ganz gleich ob Händewaschen, Duschen oder Schminken: Künstliches Licht mit ausreichender Helligkeit ist im Badezimmer unverzichtbar, vor allem in Räumen ohne eigenes Fenster.
- **emotionales Licht**
  Es dient dazu, Atmosphäre zu schaffen oder zu unterstreichen – z. B. beim Entspannungsbad. Besonders emotionales Licht schaffen z. B. Kerzen. In einem Badezimmer, das allein unter praktischen Aspekten gesehen und genutzt wird, ist emotionales Licht überflüssig. Soll das Badezimmer aber auch Ort des Wohlfühlens und Entspannen sein, ist eine atmosphärische Beleuchtung unverzichtbar – nutzt man das Badezimmer dazu doch vor allem abends.

Atmosphärisches Licht trägt entscheidend zur Wohlfühlatmosphäre eines Badezimmers bei.

Beide Beleuchtungsarten unterscheiden sich wesentlich durch den Helligkeitsgrad. Während das funktionale Licht nach Möglichkeit überall im Raum für ausreichende Helligkeit sorgen sollte, lebt das emotionale Licht von gedämpfter Beleuchtung, die ein abwechslungsreiches Spiel von Licht und Schatten erzeugt.
Eine Leuchte allein kann beide Aufgaben zusammen nicht erfüllen. Zwar ist es möglich, dass durch gedimmtes Licht Funktionsleuchten zu mehr Atmosphäre beitragen – wirklich gutes emotionales Licht entsteht aber nur, wenn man verschiedene Lichtquellen einsetzt.
Es gilt so bei einer Badrenovierung, genau zu bedenken, welches Licht wie geschaffen werden soll und welche Leuchten hierfür geeignet sind.

Die Grundbeleuchtung
Für die Grundbeleuchtung, die nach Möglichkeit überall im Bad ausreichende Helligkeit schaffen sollte, empfehlen sich zwei Leuchtenarten:

- Deckeneinbauleuchten oder Strahler, die gezielt im Raum verteilt werden und so überall für ausreichendes Licht sorgen. Die Installation ist aufwändig, weil zu mehreren Punkten an der Decke Kabel geführt werden müssen.
- Strahlerleisten oder -systeme mit verstellbaren Strahlern, die an einem zentralen Deckenauslasspunkt angelegt werden.

Ungeeignet sind hingegen Leuchten, die von einer Lichtquelle aus nur Teilbereiche des Badezimmers ausleuchten. Beim Ausrichten von Strahlern sollten Sie darauf achten, dass diese nicht blenden – weder beim Blick in den Spiegel noch von der Badewanne aus.

Die Spiegelbeleuchtung
Ob zum Schminken, Rasieren oder Kämmen – direkt am Spiegel ist ausreichende Helligkeit besonders wichtig. Die Spiegelbeleuchtung ist dann optimal, wenn Licht von oben und von der Seite her blendfrei einfällt. Deshalb sind Lichtleisten mit Glühbirnen, wie sie in Künstlergarderoben üblich sind, besonders geeignet. Auch der klassische Spiegelschrank oder der moderne Einbauschrank mit integrierten Leuchten bieten hier funktionales Licht.

Atmosphärisches Licht
Zum Wohlfühlen im Bad tragen vor allem Kerzen, gedämpfte Leuchten und möglichst viele kleine Lichtpunkte bei. Lichterketten sind hier ideal, vor allem solche für den Außenbereich, weil sie gegen Feuchtigkeit geschützt sind.

Lichtinstallation im Bad

Im Bad sollten nur Leuchten verwendet werden, die für Feuchträume bzw. für die Außeninstallation geeignet sind. Solche Leuchten erkennt man an der Schutzart. Sie wird an den Leuchten mit einem Kürzel ausgewiesen. Dies besteht aus zwei Ziffern hinter den Buchstaben „IP". Die erste Kennziffer bezeichnet den Schutzgrad gegen Fremdkörper, die zweite dem gegenüber Feuchtigkeit (siehe Kasten).
Der Schutz gegen Feuchtigkeit sollte bei Badezimmerleuchten mindestens „4" (geschützt gegen Spritzwasser) betragen. Außerdem sind Sicherheitszonen bei Duschen und Badewannen zu beachten (siehe Grafik). Wichtig: Leuchten über oder neben Badewannen müssen wasserdicht sein (mindestens „IPx7").

Kennziffern der IP-Schutzarten

1. Kennziffer: Schutz gegen Fremdkörper und Berührung	2. Kennziffer: Schutz gegen Wasser
0 ungeschützt	0 ungeschützt
1 geschützt gegen feste Fremdkörper > 50 mm	1 geschützt gegen Tropfwasser
2 geschützt gegen feste Fremdkörper > 12 mm	2 geschützt gegen Tropfwasser unter 15 °C
3 geschützt gegen feste Fremdkörper > 2,5 mm	3 geschützt gegen Sprühwasser
4 geschützt gegen feste Fremdkörper > 1 mm	4 geschützt gegen Spritzwasser
5 geschützt gegen Staub	5 geschützt gegen Strahlwasser
6 dicht gegen Staub	6 geschützt gegen schwere See
7 –	7 geschützt gegen die Folgen von Eintauchen
8 –	8 geschützt gegen Untertauchen

Grundregeln der Elektroinstallation

Bei allen Arbeiten mit elektrischer Spannung, vor allem beim Umgang mit 230 Volt, besteht Lebensgefahr durch direkte Berührung spannungsführender Leiter. Deshalb sollten Sie vor allem die folgende Grundregeln beachten:

Sicherung ausschalten
Schalten Sie immer vor Beginn der Arbeiten an einem Stromkreis die entsprechenden Sicherungen im Sicherungskasten (Verteilerkasten) aus oder schrauben diese bei uralten Sicherungen heraus – dann fließt garantiert kein Strom mehr. Bei allen modernen Elektroinstallationen finden Sie dazu im Verteilerkasten schwarze Kippschalter, die genau beschriftet sein müssten (z. B. „Badezimmer"). Ist der Schalter oben, fließt Strom, ist er unten, fließt keiner. Sollte die Beschriftung fehlen, probiert man so lange die Schalter durch, bis der richtige gefunden ist.
Zudem gibt es einen Schalter, der den gesamten Strom unterbricht, den FI-Schalter – er ist etwas breiter als die anderen Schalter und befindet sich meistens unten im

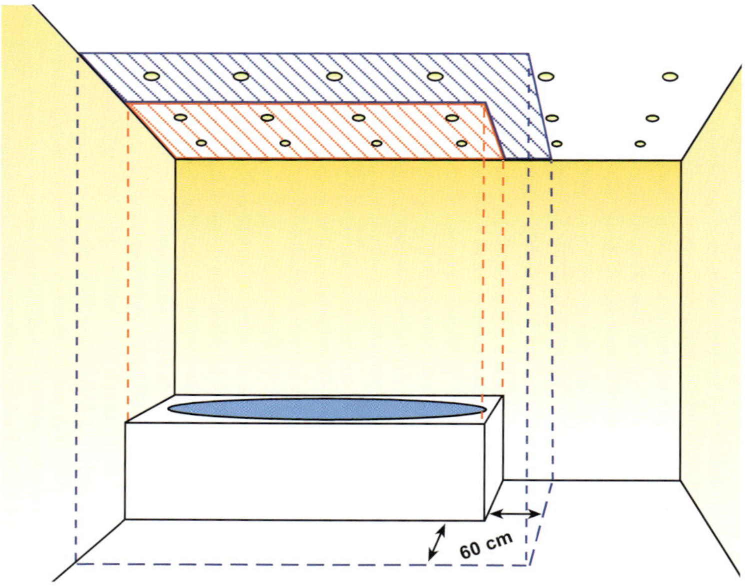

Rund um Badewanne und Dusche müssen Sie beim Licht Sicherheitszonen einhalten: Über der Wanne dürfen nur wasserdichte Leuchten (mindestens IPx7), 50 cm davor nur Leuchten mit mindestens IPx5 installiert werden.

HiFi-Technik im Badezimmer steigert Spaß und Wohlbefinden. Sinnvoll ist es, die empfindliche Elektronik auf Unterlagen wie z. B. Gummiringe zu setzen, damit sie bei kleinen „Überschwemmungen" keine nassen Füße bekommt.

Verteilerkasten. Wenn man ihn umlegt, ist man auf der besonders sicheren Seite, kann aber weder mit Elektrowerkzeugen arbeiten noch Licht anschalten.

Spannung überprüfen

Testen Sie auf jeden Fall immer mit einem Spannungsprüfer, ob eventuell trotz ausgedrehter Sicherung Spannung anliegt. Wenn nämlich die Installation unsachgemäß ausgeführt wurde oder Leitungen defekt sind, kann auch dann noch Gefahr bestehen, wenn die vermeintlich richtige Sicherung herausgenommen wurde. So ist beispielsweise nicht gesagt, dass an Steckdosen keine Spannung mehr anliegt, wenn die Leuchten im selben Raum keine Spannung mehr führen. Die können nämlich bei einer schlampigen Grundinstallation auch über eine andere Sicherung abgesichert sein.
Bei Arbeiten an Leuchten oder deren Spannungszufuhr reicht es keinesfalls aus, die Spannungszufuhr allein durch Betätigung des Lichtschalters (Wechselschalters) zu unterbrechen. Möglicherweise unterbricht der Wechselschalter nämlich nicht die Spannungszufuhr über die 230 V führende Phase, sondern lediglich über den harmlosen Nullleiter. An der Leuchte selbst liegen also weiterhin 230 Volt Spannung an.

Weitere wichtige Regeln

Kinder sollten Sie für die Dauer der Elektroarbeiten fernhalten. Sie können die Gefahren von Strom nicht einschätzen. Hinterlassen Sie keine unfertigen Arbeiten und sorgen Sie bei einer Unterbrechung dafür, dass keine Adern oder Kabel offen liegen – diese können für Dritte lebensgefährlich sein. Arbeiten Sie mit Bedacht und ruhig – unter Stress entstehen leicht folgenschwere Fehler. Setzen Sie nur neuwertiges Material ein; beschädigte Leitungen gehören so z. B. nicht verbaut, sondern auf den Müll.
Von Starkstromleitungen sollten Sie auf jeden Fall die Finger lassen. Diese dürfen nur ausgebildete Elektriker legen und anschließen. In Badezimmern versorgen sie Durchlauferhitzer mit Spannung. An diese dürfen Sie selbst also nur Wasseranschlüsse anlegen.
Anders sieht dies bei Untertischspeichern aus. Die Warmwasseraufbereiter für Niederdruckarmaturen dürfen Sie selbst anschließen. Die Geräte sind mit einem Schukostecker ausgestattet und arbeiten nur mit 230 V.

Musikgenuss im Badezimmer

Ob Radiohören beim Start in den Tag oder CD-Genuß beim Entspannungsbad am Abend: Viele Menschen legen auch im Badzimmer Wert auf akustische Untermalung. Wichtig ist vor allem, dass Weltempfänger, Ghettoblaster oder kleine HiFi-Anlage so wenig Feuchtigkeit wie möglich ausgesetzt sind – ansonsten ist ihre Lebenszeit schnell begrenzt. Selbstverständlich sollte es sein, dass an die Geräte kein Spritzwasser gelangen kann. Achten Sie außerdem darauf, dass die Elektronik auch bei kleineren Überschwemmungen nicht im Nassen steht. Wenn das Gerät z. B. auf einer Ablage direkt neben dem Waschbecken stehen soll, empfiehlt es sich, die Technik etwas höher zu stellen. Als Unterlage eignen sich z. B. Gummischeiben oder ein kleines Brettchen.
Bei Musikgeräten, die mit 230 V Spannung arbeiten, darf nicht einmal theoretisch die Möglichkeit bestehen, dass sie in Waschbecken, Duschtasse oder Badewanne fallen können. Positionieren Sie diese Geräte also möglichst weit entfernt von Wasser oder Becken.
Wenn Sie eine kleine HiFi-Anlage im Bad betreiben möchten, stellen Sie diese am besten in einen Schrank. So ist die doch relativ teure Elektronik weitaus besser gegen Feuchtigkeit geschützt, als wenn sie frei im Raum steht. Die Boxen können Sie hingegen überall im Raum positionieren. Gerade bei kleinen Anlagen sind sie nicht so empfindlich wie die HiFi-Elektronik. Optimal eignen sich Boxen, die für den Betrieb im Freien vorgesehen und besonders gegen Feuchtigkeit geschützt sind.
Eine Alternative zur fest installierten HiFi-Technik sind Walk- oder Diskman, die mit kleinen Aktivlautsprechern betrieben werden. Hier eignen sich besonders Computerlautsprecher, die sehr preiswert angeboten werden.

Register

Bibliografische Information der Deutschen Bibliothek
Die Deutsche Bibliothek verzeichnet diese Publikation in der Deutschen Nationalbibliografie; detaillierte bibliografische Daten sind im Internet über http://dnb.ddb.de abrufbar.
ISBN 3-332-01424-2

www.dornier-verlage.de
www.urania-verlag.de
1. Auflage März 2003

Der Urania Verlag ist ein Unternehmen der Verlagsgruppe Dornier.

Mitarbeit: Johannes Steinkühler, Yara Hackstein, Raphael Pehle, Sylvia Jonas, Heinz Josef Becker, Conrad von Mallinckrodt
Umschlaggestaltung: Behrend & Buchholz, Hamburg
Fotos und Zeichnungen: Alpina Farben Vertriebs GmbH & Co, Ober-Ramstadt (www.alpina-farben.de): S. 7; Edding AG, Ahrensburg (www.edding.de): S. 28; Hoesch Metall+Kunststoffwerk GbmH & Co, Düren (www.hoesch.de): S. 5–6, 8–10, 49; Hüppe GmbH & Co., OHG, Bad Zwischenahn, (www.hueppe.de): S. 4, 11–12, 54; ICI Paints Deco GmbH, Hilden (www.dulux.de): S. 2, 9, 31; Knauf Bauprodukte GmbH, Iphofen (www.knauf-bauprodukte.de): 28, 32–33, 36–37; Marley Deutschland GmbH, Wunstorf, (www.marley.de): S. 13–14, 24; Parador Holzwerke GmbH 6 Co. KG, Coesfeld (www.parador.de): S. 59; Sieper-Werke GmbH, Hilchenbach (www.sieper.de), S. 38–40; Villeroy & Boch AG, Mettlach (www.villeroy-boch.com): S. 58; alle übrigen Medien-Kommunikation, Unna
Layout: FROMM MediaDesign GmbH, Selters/Ts.
Gesamtherstellung: Urania Verlag
Printed in Italy

Gedruckt auf alterungsbeständigem Papier mit chlorfrei gebleichtem Zellstoff.